아이스크림 어린이신문 ③

초등학생을 위한 달콤한 신문 읽기 프로젝트

아이스크림 어린이신문 ❸

손지연(너닮나담 대표) 지음

아이스크림북스

 머리말

주도적으로 질문하며
세상을 관찰해요

아이들은 학교와 가정을 비롯해 저마다의 작은 사회에 속해 있습니다. 그 안에서 한창 배워 나가는 초등 시기야말로 어떤 책을 읽느냐가 매우 중요합니다. 이 책은 정보가 넘쳐나는 시대에 아이들이 꼭 알아야 할 중요한 기사들만 선별해 지혜를 전하고자 엮었습니다. 경제, 사회, 과학, 환경 등 여러 주제를 흥미 있는 기사로 구성했습니다. 일상에서 접하는 다양한 이슈와 지식을 어린이 눈높이에 맞추어 재구성한 소중한 자료집인 셈이지요.

이 책을 활용할 때는 가족이 모두 함께 읽고 이야기 나누기를 바랍니다. 언젠가 학부모 특강에서 만난 아버님께서 『아이스크림 어린이신문1』의 활용 후기를 들려주셨습니다. 가족과 함께 책을 읽은 뒤, 같이 기사 내용을 되짚어보는 과정을 통해 융합적으로 사고하는 방법을 알게 되었다고 하셨지요.

앞으로의 시대는 단순히 정보를 아는 데 그치지 않고, 정보를 창의적으로 활용하는 방법이 더 중요해질 것입니다. 따라서 책의 기사를 읽은 후에는 질문하며 대화를 나눠 보세요. 질문은 지식과 지혜를 얻는 중요한 수단으로 더 깊이 있는 이해와 통찰을 얻을 수 있고, 질문을 잘하는 아이는 사고력과 문제 해결 능력을 키울 수 있습니다. "왜 이런 일이 일어났을까?", "어떻게 해결하면 좋을까?", "너라면 어떻게 하겠니?" 아이들에게 질문하는 법을 알려주고, 질문을 통해 함께 성장하는 시간을 가져 보세요.

아이가 바로 대답하지 못해도 괜찮습니다. 깊이 있는 질문은 스스로 고민하고 생각할 기회를 제공합니다. 반복적인 사고 훈련을 통해 문제를 이해하고 해결하는 능력을 키울 수 있습니다. 덧붙여 이 책을 더 효과적으로 활용하는 몇 가지 방법을 소개합니다.

첫째, 매일 20분, 가족과 독서하기. 아이들은 문해력을 키우고, 가족과 영양가 있는 대화를 할 수 있습니다.

둘째, 같은 기사 두세 번 읽기. 기사를 한 번만 읽고 넘어가는 방식으로는 내용을 제대로 익힐 수 없어요. 기사를 여러 번 읽으면 놓쳤던 맥락을 바르게 이해할 수 있고 시야를 넓힐 수 있습니다.

셋째, 정기적으로 토론하기. 주말마다 책의 내용으로 토론하며, 비판적 사고력을 키우게 합니다.

넷째, 사설 기사로 생각의 폭을 넓히기. 분야별 사설 기사로 다양한 관점을 접하며 자신만의 주장이나 의견을 낼 수 있습니다.

이 책을 충분히 활용하면 최신 정보를 습득할 뿐 아니라, 스스로 생각하고 질문하는 힘을 기를 수 있습니다. '어떤 책을 봐야 할까?'도 중요하지만 '어떻게 활용하느냐!'가 더 중요한 요즘입니다. 책을 읽으며 아이들이 더 넓은 세상을 만나고, 큰 꿈을 키우기를 바랍니다. 부모님도 아이들과 함께 성장하는 즐거움을 경험해 보세요.

마지막으로 책을 집필하는 동안 초등학교 6학년인 딸의 도움이 컸습니다. 딸에게 고맙다는 말을 전하고 싶습니다. 딸, 고맙고 사랑해!

손지연 (주비쌤)

아이스크림 어린이신문
이렇게 활용하세요!

중요 기사 확인
분야별로 선정한 100개 기사 중 시의성이 높은 기사에는 별도로 ★ 표시를 달았습니다. 현재 사회적 이슈이거나 화제성 높은 기사를 알아보세요.

신문 기사
세상을 이해하는 데 필수적인 경제, 세계, 사회문화, 과학, 환경 5개 분야에서 100개 기사를 골라 아이들의 눈높이에 맞춰 쉽고 재미있게 썼습니다. 신문 읽기로 긴 글 읽기를 시작해 보세요.

OX 퀴즈
간단한 OX 퀴즈를 풀면서 기사의 내용을 제대로 파악했는지 확인해 보세요.

미리 보기 사전
본격적으로 기사를 읽기 전에 준비 운동부터 해야겠죠? 기사를 이해하도록 도와주는 핵심 키워드를 먼저 제시했습니다.

낱말 고르기
기사 속 문장에 사용된 알맞은 낱말을 골라 보면서 문해력과 어휘력을 확인할 수 있습니다.

생각 쑥쑥
기사와 관련해 생각할 거리를 고민하고 함께 토론해 보세요. 기사를 읽은 아이들이 직접 자기 생각을 풀어 보면서 사고력을 키우고 세상을 바라보는 시야를 넓힐 수 있습니다.

어휘 익히기
초성 힌트와 설명을 보고 단어를 유추해 보면서 기사에 사용된 다양한 어휘의 정확한 뜻을 알아보세요.

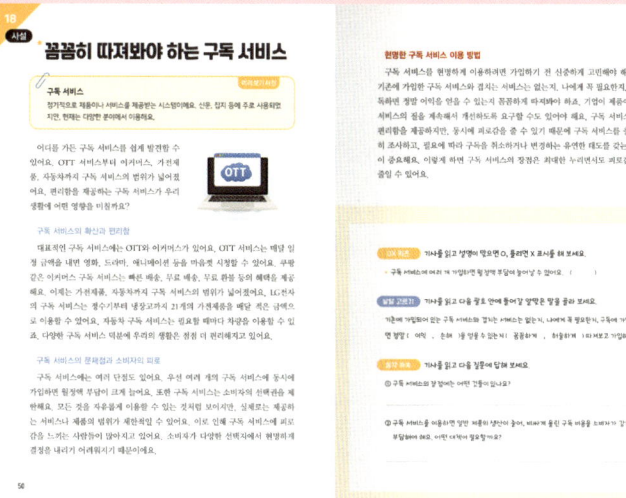

사설

사실을 전달하는 기사에 더해, 기사를 바라보는 저자의 시선이 담긴 사설 기사가 추가되었습니다. 쉽지만 얕지 않은 사고와 어느 한 쪽으로 치우치지 않는 관점을 가질 수 있도록 도와줍니다. 내용을 확인한 후 여러 각도로 해석하며, 사고의 폭을 넓혀 보세요.

어휘 한눈에 보기

독후 활동 '어휘 익히기'에서 다 담지 못한 어휘들을 한자어와 순우리말로 구분하여 정리해 보세요. 어휘를 잘 이해할수록 신문 읽기가 쉬워집니다!

차례

- 주도적으로 질문하며 세상을 관찰해요   4
- 아이스크림 어린이신문 이렇게 활용하세요!   6

경제

① 동네 빵집, 성심당의 기적   16
★② 교통비 돌려주는 K-패스!   18
③ 국민연금, 우리도 받을 수 있죠?   20
④ 고물가 시대 짠테크가 대세   22
★⑤ 초저가 이커머스의 습격   24
⑥ 파월 한 마디에 세계 경제가 휘청   26
⑦ 이자를 더 줄게요!   28
★⑧ 청약통장, 더 빨리 만드세요!   30
⑨ 흰 팽이버섯 키우려면 돈 내세요   32
⑩ 납세왕에게 특별한 혜택을!   34
⑪ 젤리로 천억 원 매출 달성!   36
⑫ 청년들을 위한 희망 계좌   38
⑬ 전기차도 가성비가 뜬다   40
⑭ 아르헨티나 물가가 비상이에요   42
⑮ 최저임금 인상이 가져온 결과   44
⑯ '투자의 나라'라고 불러 주세요   46
⑰ 세계에서 가장 비싼 소   48
★⑱ [사설] 꼼꼼히 따져봐야 하는 구독 서비스   50

✏️ 어휘 한눈에 보기   52

세계

- ⭐ ⑲ 인생 숏 찍다가 큰일나요!   56
- ⑳ 간병인에게 모든 재산을   57
- ㉑ 베니스 비엔날레가 선택한 주인공은?   60
- ㉒ 보물이 가득 폼페이 유적지   62
- ㉓ 이제 지휘도 한국이 대세!   64
- ㉔ 연결되지 않을 권리를 지켜 주세요   66
- ㉕ 외부인을 환영합니다   68
- ㉖ 세계에서 가장 힘든 마라톤   70
- ⭐ ㉗ 오타니 쇼헤이, 만다라트의 비밀   72
- ⭐ ㉘ 블루칼라를 선택한 Z세대   74
- ㉙ 퇴직자를 위한 재고용 제도   76
- ㉚ 동물도 죽음에 슬퍼할까요?   78
- ㉛ 프랑스, 비상사태를 선포하다   80
- ㉜ 이제 반려견과 나란히 비행 가능!   82
- ㉝ 44일 동안 선거가 이어진 인도   84
- ㉞ 탕핑족은 양로원에 갑니다   86
- ⭐ ㉟ 멕시코 첫 여성 대통령 당선!   88
- ㊱ 이스라엘과 하마스, 휴전은 언제?   90
- ㊲ 오랑우탄으로 외교를 한다고?   92
- ㊳ 세계 정상들의 특별한 패션 전략   94
- ㊴ **사설** 여행 전, 책임감 챙기셨나요?   96

✎ 어휘 한눈에 보기   98

사회문화

★ ㊵ 특명! 궁케팅에 성공하라 102
㊶ KTX-청룡 열차 출발! 104
㊷ 멍 때리기 대회에 참가해요 106
㊸ 파주에 뜬 평화곤돌라 108
㊹ 춤에도 저작권이 있어요 110
★ ㊺ 색깔 유도선 탄생의 비밀 112
㊻ 기발한 자기소개서를 아나요? 114
㊼ 전교생에게 장학금 선물을! 116
★ ㊽ 운전면허 반납하면 혜택을 드려요 118
㊾ 매운 라면, 얼마나 매울까? 120
㊿ 공무원 하고 싶지 않은 이유 122
★ (51) 4일 일하고 3일 쉬어요 124
(52) 얘들아, 학교에서 운동하자! 126
★ (53) 멀티 레이블 시스템의 명과 암 128
(54) 이제 약도 배송될까요? 130
(55) 지방에서 의대생 더 뽑는다 132
(56) 주유소가 드론 착륙장으로 134
(57) 이동식 다리의 마법 136
(58) 무인열차, 왜 자꾸 멈추나요? 138
(59) 초등학생 키, 10년 만에 쑥쑥! 140
★ (60) 아빠 출산 휴가가 20일로 늘어났어요 142
(61) 퓨전 한복, 어느 나라 옷이에요? 144
(62) 사설 디지털 교과서, 정말 필요할까요? 146

어휘 한눈에 보기 148

과학

- ⑥³ AI가 찾아준 소중한 목소리　　　　　152
- ⑥⁴ 네온샛, 임무 수행하러 우주로!　　　　154
- ⑥⁵ 플라톤의 무덤을 찾아라　　　　　　　156
- ⑥⁶ 개기일식의 숨겨진 비밀　　　　　　　158
- ★ ⑥⁷ 법률 챗봇이 무엇을 도울까요?　　　　160
- ★ ⑥⁸ 똑똑한 주차 로봇의 등장　　　　　　162
- ⑥⁹ 잠시 우주 교통정리가 있겠습니다　　　164
- ⑦⁰ 모래로 지구를 지키는 방법　　　　　　166
- ★ ⑦¹ 손바닥으로 결제할게요　　　　　　　168
- ⑦² AI, 코너킥을 부탁해!　　　　　　　　170
- ⑦³ 별의 비밀을 밝히는 스펙트럼　　　　　172
- ★ ⑦⁴ 주문하신 배양육 나왔습니다　　　　　174
- ★ ⑦⁵ 쭉쭉 늘어나는 차세대 전자 피부　　　176
- ⑦⁶ 수소 비행기, 하늘을 지켜 줘!　　　　　178
- ⑦⁷ 강원도에 오로라가 나타났다　　　　　180
- ⑦⁸ 달 뒷면의 비밀을 풀 열쇠　　　　　　182
- ⑦⁹ 외계 행성에 생명이 살 수 있을까?　　184
- ★ ⑧⁰ 엔비디아, 블랙웰로 미래를 바꾸다　　186
- ⑧¹ 세계 최초의 AI 미인 대회　　　　　　188
- ⑧² 가장 작은 유인원 화석 발견!　　　　　190
- ⑧³ 사설 친구 같은 AI를 조심하세요　　　192

✏️ 어휘 한눈에 보기　　　　　　　　　194

환경

- 84 제트기만큼 시끄러운 매미 떼의 출현 … 198
- 85 하늘에서 쇳덩이가 쿵! … 200
- ★ 86 선거 끝! 현수막은 어디로? … 202
- ★ 87 동물 배우를 보호하라! … 204
- 88 천연기념물 하늘다람쥐가 반가워 … 206
- 89 음악으로 만나는 기후 데이터 … 208
- 90 기후 변화로 밥상 물가가 휘청 … 210
- ★ 91 만능 쓰레기통이 아니에요 … 212
- ★ 92 석탄 발전소 폐쇄한다더니…. … 214
- ★ 93 비행 중 만나는 난기류가 무서워 … 216
- 94 사막 웅덩이 속 희귀한 물고기 … 218
- 95 재활용 플라스틱 자전거의 탄생 … 220
- ★ 96 기후도 소송을 한다고요? … 222
- 97 바다에 빠지면 쓱 사라지는 포장재 … 224
- 98 벌레 떼 습격에서 살아남기 … 226
- 99 맹그로브 푸딩으로 지역 경제가 활짝! … 228
- ★ 100 **사설** 속지 마세요! 가짜 친환경의 진실 … 230

✏️ 어휘 한눈에 보기 … 232

부록
- 정답 … 234
- 신문 어휘 찾아보기 … 238

일러두기

- 이 책에 나온 기사는 2024년 3월부터 2024년 6월까지 각종 언론사에서 다룬 신문 기사와 뉴스를 참고하여 어린이 눈높이에 맞게 재구성했습니다.
- 이 책에 소개된 어휘의 뜻풀이와 외래어, 지명 등은 국립국어원의 표준국어대사전과 고려대 한국어대사전을 참고했습니다.
- 이 책에 삽입된 사진 및 삽화 이미지는 셔터스톡에서 구매했으므로, 저작권상 문제가 없습니다.

01

동네 빵집, 성심당의 기적

> **미리보기 사전**
>
> **오픈런(Open run)**
> '열리다'는 뜻의 'Open'과 '달리다'는 뜻의 'Run'을 합친 말로, 매장이 문 열 때까지 기다렸다가 문이 열리자마자 쏜살같이 물건을 구매하는 행위를 뜻해요.

지난해 전국 제빵 프랜차이즈보다 대전의 명물 빵집이 더 많은 영업 이익을 올렸다고 해요. 동네 빵집이 어떻게 대형 프랜차이즈를 이길 수 있었을까요?

작은 동네 빵집, 전국 매출 1위의 기적

성심당은 1956년 대전역 한쪽에 천막을 친 작은 찐빵집으로 시작했어요. 이후 70년 가까이 빵집을 운영하며 튀김소보로, 보문산 메아리, 딸기시루 등 독특한 이름의 빵을 두루 선보였죠. 많은 사람들은 이색 빵을 먹기 위해 전국에서 모여들었어요. 매장 5개가 모두 대전에만 위치한 성심당은 이제 사람들이 대전에 오면 꼭 빼놓지 않고 들르는 명소가 되었어요. 오픈런 대란을 일으키며 큰 사랑을 받는 성심당의 지난해 영업 이익은 315억 원에 달해요. 전국에 매장을 둔 대형 프랜차이즈의 영업 이익이 200억 원을 웃도는 정도인 것과 비교하면 대단한 활약이죠?

성심당 빵집에 열광하는 이유

성심당의 대표 상품은 바삭하고 고소한 튀김소보로와 맛있고 합리적인 가격의 딸기시루 케이크예요. 딸기시루는 케이크 한 판에 딸기를 가득 채워 '가성비 케이크'로 입소문이 났어요. 저렴하면서 만족도가 높다 보니 크리스마스 때 이 케이크를 사기 위해 5시간 이상 줄을 서야 할 정도였지요. 성심당이 딸기 케이크를 합리적인 가격으로 판매할 수 있는 이유는 가까운 지역의 딸기 농장과 직거래 계약을 맺었기 때문이에요. 농장에서 대량으로 딸기를 공급받아 판매 가격을 낮출 수 있었던 것이죠. 소비자는 신선한 딸기가 듬뿍 들어간 케이크를 맛볼 수 있고, 다른 케이크보다 저렴하게 구입할 수 있으니 일석이조인 셈이에요.

OX 퀴즈 기사를 읽고 설명이 맞으면 O, 틀리면 X 표시를 해 보세요.

- 성심당은 전국에 매장이 있는 대형 프랜차이즈예요. (   )
- 딸기시루는 성심당에서 판매하는 딸기 케이크의 이름이에요. (   )

낱말 고르기 기사를 읽고 다음 괄호 안에 들어갈 알맞은 말을 골라 보세요.

성심당이 커다란 케이크에 딸기를 가득 넣을 수 있었던 이유는 가까운 지역의 딸기 농장과 (직거래 , 중개거래) 계약을 맺었기 때문이에요. (대량 , 소량)으로 공급받으니 원재료인 딸기의 가격이 저렴해진 것이죠.

어휘 익히기 다음 초성 힌트와 설명을 보고 해당하는 어휘를 적어 보세요.

- ㅁㅅ   널리 알려져 유명한 곳.
- ㅇㅅㅁ   입에서 입으로 전하는 소문.
- ㅇㅅ   특별하고 독특한 것.
- ㅍㄹㅊㅇㅈ 본사가 있고 여러 지점을 운영하는 체계의 사업 방식.

생각 쑥쑥 기사를 읽고 다음 질문에 답해 보세요.

① 성심당이 딸기를 저렴하게 공급받을 수 있는 이유가 무엇인가요?

② 원하는 물건을 구매하기 위해 오픈런을 해 본 적 있나요?

교통비 돌려주는 K-패스!

미리보기사전

K-패스
알뜰교통카드를 개편해 만든 서비스예요. 일정 횟수 이상 대중교통을 이용하면 교통비 일부를 돌려주는 제도예요.

지난해 하반기에 이어 올해도 대중교통 요금이 인상되면서 교통비를 줄이고자 하는 시민들이 'K-패스'에 주목하고 있어요.

전국에서 자유롭게 사용해요!

국토교통부는 올해 5월 1일부터 8일까지 K-패스 발급자가 100만 명을 넘었다고 발표했어요. K-패스는 서울을 비롯한 전국 17개 시도, 189개 시·군·구에서 사용할 수 있고, 버스나 지하철·신분당선·광역버스·GTX 등 모든 대중교통에서 이용할 수 있어요. 만 19세 이상이면 누구나 만들 수 있고, 월 15회 이상 대중교통을 이용할 때 일반 시민은 교통비의 20%, 청년은 30%, 그 외 최대 53%까지 적립 받을 수 있어요. 단, 이용 금액이 높은 순으로 60회까지만 적립되고, 월 이용 금액이 20만 원을 초과하면 초과 이용 금액의 50%까지만 적립 가능하지요.

K-패스, 어떻게 사용하나요?

K-패스를 이용하려면 먼저 알뜰교통카드 홈페이지나 앱에서 회원가입을 해요. 기존 알뜰교통카드를 이용하는 사람은 간단히 K-패스로 전환할 수 있어요. 제휴 카드사에서도 카드를 발급받을 수 있고, 모바일페이로도 이용할 수 있어요. 다만 후불 교통카드만 적립된다는 점에 유의해야 해요. K-패스는 교통비 절감 기능만 있는 게 아니에요. 자가용 이용을 줄이고 대중교통 이용을 장려해서 환경 보호에도 기여하고, 걷기 활동이 늘어 건강도 지킬 수 있어요. K-패스를 통해 교통비를 아끼고 환경도 보호하면서 더 나은 생활을 만들어 보세요.

OX 퀴즈 기사를 읽고 설명이 맞으면 O, 틀리면 X 표시를 해 보세요.

- K-패스는 횟수 상관없이 탄 만큼 돌려받는 혜택이 있어요. (   )
- K-패스는 전국 모든 대중교통에서 사용할 수 있어요. (   )

낱말 고르기 기사를 읽고 다음 괄호 안에 들어갈 알맞은 말을 골라 보세요.

K-패스는 교통비 (절감   ,   증가   ) 기능만 있는 게 아니에요. 대중교통 이용을 장려해 환경 보호에도 기여하고, 무엇보다 (건강   ,   카드   )도 지킬 수 있답니다.

어휘 익히기 다음 초성 힌트와 설명을 보고 해당하는 어휘를 적어 보세요.

- ㄱㅍ   조직 등을 고쳐 편성함.
- ㅊㄹ   모아서 쌓아 둠.
- ㅊㄱ   어떤 기준이나 한도를 넘어서는 것.
- ㅈㄹ   좋은 일에 힘쓰도록 북돋아 줌.

생각 쑥쑥 기사를 읽고 다음 질문에 답해 보세요.

① K-패스를 활용하면 어떤 혜택을 받을 수 있나요?

② K-패스를 활용하면 어떤 면에서 건강에 도움이 될까요?

국민연금, 우리도 받을 수 있죠?

> **미리보기사전**
>
> **국민연금**
> 정부가 운영하는 사회보장 제도를 말해요. 국민들이 소득 활동을 할 때 일정한 금액을 납부하여 은퇴 후 안정적인 생활을 위해 연금을 받도록 해요.

21대 국회에서 국민연금 개혁이 끝내 성사되지 않았어요. 대형 신문사가 청소년 100명을 대상으로 진행한 국민연금 개혁 인터뷰에서 미래 세대는 어떻게 답했을까요?

국민연금에 문제가 생겼어요

가장 큰 문제는 우리나라가 고령화 사회로 접어들면서 연금을 받아야 할 사람이 계속 늘고 있다는 거예요. 반면 일해서 연금에 돈을 납부하는 사람은 줄고 있죠. 그래서 고갈 위험이 있는 데다 지금의 보험료율은 매우 낮고, 연금 지급 비율은 상대적으로 높다는 문제점도 안고 있어요. 연금 제도를 유지하기 위해서는 보험료를 올리거나 연금 지급 비율을 조정하는 방법이 필요해요. 또 미래 세대가 부담을 덜 방법도 적극적으로 찾아야 해요. 미래 세대도 공정하게 연금을 받을 수 있도록 말이에요.

개혁이 미뤄지는 이유

연금 개혁이 미뤄지는 이유는 정치적 의견 차이와 세대 간의 이해관계 충돌 때문이에요. 국회에서는 여야 간 의견이 다르고, 연금을 더 많이 받고자 하는 기존 세대와 미래에 더 큰 부담을 지게 될 젊은 세대 간의 갈등도 크지요. 특히 청소년들은 자신들의 의견이 반영되지 않아 불만을 표하고 있어요. 정부와 국회는 지난 2년간 국민연금 개혁을 논의했지만, 청소년의 의견은 거의 반영하지 않았어요. 청소년들은 투표권이 없어서 정치적 영향력이 적기 때문이에요. 따라서 국민연금 개혁 논의에서는 공정한 해결책을 찾는 것이 중요해요.

OX 퀴즈 기사를 읽고 설명이 맞으면 O, 틀리면 X 표시를 해 보세요.

- 국민연금은 국가가 운영하는 사회보장 제도예요. (   )
- 국회에서는 국민연금 개혁에 대해 여야 간 의견 대립으로 합의가 쉽지 않아요. (   )

낱말 고르기 기사를 읽고 다음 괄호 안에 들어갈 알맞은 말을 골라 보세요.

고령화 사회가 되면서 (연금   ,   용돈   )을 받을 사람은 점점 많아지는 반면 일을 해서 돈을 (납부   ,   수거   )하는 사람이 줄고 있어요.

어휘 익히기 다음 초성 힌트와 설명을 보고 해당하는 어휘를 적어 보세요.

- ㅇㅌ   일하던 직업이나 직장에서 물러나 더 이상 일을 하지 않는 상태.
- ㄴㅂ   세금 등을 관계 기관에 냄.
- ㄱㄱ   돈이나 물자, 소재, 인력 등이 없어짐.
- ㄱㅎ   제도를 새롭게 뜯어고침.

생각 쏙쏙 기사를 읽고 다음 질문에 답해 보세요.

① 현재 국민연금의 가장 큰 문제는 무엇인가요?

② 국민연금 개혁이 왜 필요해졌을까요?

고물가 시대 짠테크가 대세

> **미리보기사전**
>
> **짠테크**
> '짠돌이 테크놀로지'의 줄임말로, 고품질의 제품을 저렴한 가격에 구매하려는 소비자들의 욕구를 반영해 탄생한 신조어예요.

고물가 시대가 계속되면서 우리나라의 대표 중고거래 플랫폼인 '당근'을 찾는 이용자 수가 역대 최대치를 기록했다고 해요.

중고 물건이 대세가 된 이유는?

당근은 올해 들어 3개월 연속 월간 활성이용자(MAU)가 2천만 명을 넘어섰어요. 작년 말까지만 해도 약 1천 900만 명이었는데, 현재는 2천 100만 명에 가까워진 거예요. 이는 지난 3월 중국의 알리익스프레스나 테무의 월간 활성이용자보다 훨씬 높은 수치예요. 중고거래 플랫폼의 인기는 계속된 물가 상승으로 사람들이 물건을 저렴하게 사려는 욕구가 늘어났기 때문이에요. 특히 최근에는 2030세대를 중심으로 '짠테크'가 다시금 주목받으며 중고거래 플랫폼에서 옷이나 생필품을 구입하는 경우가 더 많아졌어요. 알리나 테무보다 품질 면에서 더 믿을 만한 선택으로 인식되어 토종 중고거래 플랫폼이 주목받는 추세이지요.

가치 소비와 환경도 생각해요

최근 소비자들은 제품의 가격뿐만 아니라 잔존 가치와 환경적인 측면까지 다각도로 고려해 소비하는 경향이 두드러지고 있어요. 새 제품과 달리 중고 상품은 각각 과거 이야기가 담겨 있어 소비자에게 독특하고 감각적인 경험을 제공해요. 더불어 중고 상품을 구매함으로써 소비자들은 환경 보호에 기여하는 느낌도 받을 수 있어요. 자원을 절약한다는 이점과 의미 있는 소비를 통해 자기 효능감을 높일 수 있는 셈이죠. 이렇듯 소비자의 구매 기준 변화가 당근의 지속적인 성장을 이끈 주요한 요인으로 작용하고 있어요.

OX 퀴즈 기사를 읽고 설명이 맞으면 O, 틀리면 X 표시를 해 보세요.

- 물가 상승으로 인해 사람들이 물건을 저렴하게 사려는 욕구가 늘고 있어요. (   )
- 소비자들은 제품의 가격만을 고려해요. (   )

낱말 고르기 기사를 읽고 다음 괄호 안에 들어갈 알맞은 말을 골라 보세요.

새 제품과는 달리 중고 상품은 각각의 (과거 , 미래) 이야기가 담겨 있어 소비자들에게 (독특 , 익숙)하고 감각적인 경험을 제공해요.

어휘 익히기 다음 초성 힌트와 설명을 보고 해당하는 어휘를 적어 보세요.

- ㅂㅇ   다른 것에 영향을 받아 어떤 현상이 나타남.
- ㅅㅊ   어떤 값을 숫자로 나타낸 것.
- ㅈㅈ   없어지지 않고 남아 있음.
- ㄷㄱㄷ   여러 각도, 또는 여러 방면.

생각 쑥쑥 기사를 읽고 다음 질문에 답해 보세요.

① 중고 상품을 구매하면 어떤 장점이 있을까요?

② 짠테크 경험이 있다면 떠올려 보세요.

초저가 이커머스의 습격

> **박리다매**
> 이익을 적게 보고 많이 파는 것을 말해요.

미리보기사전

2023년 7월 기준 한국인이 가장 많이 사용하는 온라인 쇼핑 앱 순위는 1위 쿠팡, 2위 11번가, 3위 G마켓이었어요. 그런데 최근(2024년 5월 기준) 1위 쿠팡, 2위 알리익스프레스(이하 알리), 3위 테무로 순위가 바뀌었어요. 무슨 일이 일어난 걸까요?

알리와 테무가 뭐예요?

알리와 테무는 중국의 이커머스 쇼핑 플랫폼이에요. 알리의 지난 7월 월간 이용자 수는 467만 명으로 전년 대비 82.6% 증가했어요. 테무는 지난 7월 최대 90% 할인 행사를 하며 국내 구글 플레이스토어 쇼핑 분야 다운로드 1위를 차지했고요. 이 두 업체는 중국 생산자와 세계의 소비자를 직접 연결해 매우 저렴한 가격으로 상품을 제공해요. 이 때문에 세계 여러 나라에서 빠르게 인기를 얻고 있어요. 경제가 어려워지면서 사람들이 가성비 좋은 상품을 더 찾기 때문이지요. 중국은 박리다매 방식을 통해 소비 시장을 점령하고 있어요.

싸다고 좋은 것만은 아니에요

알리와 테무를 이용한 소비자들이 모두 만족하는 건 아니에요. 배송이 느려 불편하다는 점과 때로는 불량품이나 가짜 제품을 받았다는 이유로 불만을 호소하지요. 더욱이 아동용 문구 제품에서는 환경 호르몬이 대량 검출됐다는 검사 결과가 나오기도 했어요. 이러한 이유로 중국 쇼핑 플랫폼을 신뢰하지 않는 사람도 늘고 있어요. 초저가를 내세운 알리와 테무의 국내 진출은 기존 유통업체를 위협하고 긴장하게 해요. 소비자들은 당장 저렴한 구매로 이득을 보지만, 장기적으로는 국내 유통업체가 어려움을 겪어 중국 업체에 의존할 위험이 커지거든요. 이에 국내 쇼핑몰들은 빠른 배송과 질 좋은 상품 제공을 무기로 노력하는 중이에요.

OX 퀴즈 기사를 읽고 설명이 맞으면 O, 틀리면 X 표시를 해 보세요.

- 알리와 테무는 중국의 이커머스 쇼핑 플랫폼이에요. (   )
- 알리와 테무는 매우 저렴한 가격으로 상품을 제공해요. (   )

낱말 고르기 기사를 읽고 다음 괄호 안에 들어갈 알맞은 말을 골라 보세요.

알리와 테무를 이용한 소비자들은 배송이 느려서 (불편하다 , 편리하다)는 것과 때로는 (불량품 , 정품)이나 가짜 제품을 받았다는 이유로 불만을 호소하지요.

어휘 익히기 다음 초성 힌트와 설명을 보고 해당하는 어휘를 적어 보세요.

- ㅅㄹ   굳게 믿고 의지함.
- ㅇㅎ   으르고 협박함.
- ㅎㅇ   일정한 값에서 얼마를 뺌.
- ㅂㅅ   물자를 여러 곳에 나누어 보내 줌.

생각 쑥쑥 기사를 읽고 다음 질문에 답해 보세요.

① 알리와 테무가 인기를 끄는 이유가 무엇인가요?

② 국내 유통업체는 중국 업체와 경쟁하기 위해 어떤 노력을 해야 할까요?

파월 한 마디에 세계 경제가 휘청

미리보기사전

제롬 파월(Jerome Powell)
미국 중앙은행인 연방준비제도(Fed)의 의장으로, 미국의 경제 정책을 결정하고 통화 정책을 관리하는 역할을 해요. 금리 조절과 인플레이션을 관리하는 것이 주요 임무예요.

제롬 파월 의장이 최근 금리 정책에 대해 기존의 발언을 번복하면서 세계 금융 시장에 큰 영향을 미치고 있어요.

말을 번복한 이유

제롬 파월 의장은 지난 3월에는 인플레이션이 잡히는 중이라고 낙관적인 전망을 했지만, 다음 달인 4월에는 물가 상승을 2% 수준으로 낮추는 데 시간이 더 걸릴 것이라며 말을 번복했어요. 미국의 물가 상승률이 다시 높아지며 인플레이션이 쉽게 잡히지 않자 기조를 바꾼 거예요. 금리 인하를 기대했던 시장의 예상은 완전히 빗나가고 말았지요. 파월 의장은 그 어느 때보다 신중한 행보를 보이고 있어요. 인플레이션이 길어지면서 경제 활동이 둔화했기에, 경제 불확실성을 최소화하고 안정성을 유지하기 위한 최선의 방법을 모색 중이에요.

파월의 발언이 왜 중요한가요?

미국 경제는 세계 경제의 중요한 축이에요. 때문에 파월 의장의 발언은 세계 경제에 큰 영향을 미칠 수밖에 없어요. 파월 의장의 발언은 다른 나라가 경제 정책의 방향을 예측하고 준비하는 중요한 단서가 돼요. 지난 4월 파월 의장의 "인플레이션이 지금처럼 높다면 현재의 금리 수준을 유지할 것."이라는 발언에 주식 시장이 즉각 반응하며 주가가 하락한 것처럼요. 시장이 여전히 세계 경제와 금리 상황에 높은 불안감을 보인다는 걸 알 수 있지요. 파월 의장의 발언은 전 세계 경제에 중요한 '신호'로 작용하기에 현재까지도 많은 나라가 그의 발언에 촉각을 곤두세우고 있어요.

OX 퀴즈 기사를 읽고 설명이 맞으면 O, 틀리면 X 표시를 해 보세요.

- 제롬 파월은 미국 연방준비제도의 의장이에요. (   )
- 파월 의장의 발언은 미국 시장에만 영향을 미쳐요. (   )

낱말 고르기 기사를 읽고 다음 괄호 안에 들어갈 알맞은 말을 골라 보세요.

파월 의장이 (금리 , 복지) 정책에 대해 신중하게 접근하고 있는 이유는 경제의 불확실성을 최소화하고 (안정성 , 불안정)을 유지하기 위해서예요.

어휘 익히기 다음 초성 힌트와 설명을 보고 해당하는 어휘를 적어 보세요.

- ㄴㄱㅈ   앞으로의 일 등이 잘될 것으로 여기는 것.
- ㅂㅂ   한 번 정한 일을 뒤집어 바꾸는 것.
- ㄷㅎ   빠르거나 활발한 것이 느려지거나 약해지는 것.
- ㅊㄱ   주위에서 일어나는 변화를 감지하는 능력을 비유적으로 이르는 말.

생각 쏙쏙 기사를 읽고 다음 질문에 답해 보세요.

① 파월 의장은 한 달 만에 말을 어떻게 바꾸었나요?

② 미국 금리가 오르면 세계 주가는 어떻게 될까요?

이자를 더 줄게요!

> **미리 보기 사전**
>
> **복리**
> 복리는 원금을 기준으로 이자를 계산하며, 이자가 다시 원금에 포함되어 그다음 이자를 계산하는 방식을 말해요. 반면 단리는 원금에 대해서만 이자를 계산하는 방식이에요.

기준금리가 연 3.5% 수준으로 떨어졌어요. '예테크족'(예금과 재테크를 합친 말)은 수익률이 좋은 파킹통장을 찾고 있어요. 잠시만 맡겨도 이자를 주거든요.

하루만 맡겨도 이자를 줍니다

최근 은행 예금금리가 하락하면서 파킹통장이 인기를 끌고 있어요. 파킹통장은 최대 3%~3.5%의 이자율을 제공해 하루만 돈을 맡겨도 이자를 받을 수 있는 금융 상품이에요. 돈을 자유롭게 넣고 뺄 수 있어, 단기적으로 자금을 관리하기에 유리하죠. 은행과 상품에 따라 이자가 다르지만 일반 예금통장의 이자율은 0.1%~0.5% 정도로 낮은 반면, 파킹통장의 이자율은 1%~2%로 일반 예금통장보다 높은 편이에요. 금융 시장의 불확실성이 커지면서 투자처를 찾지 못한 예테크족이 조금이라도 이자를 더 주는 곳에 맡겨 두는 것이랍니다.

파킹통장의 장점은 복리

파킹통장은 예금액에 따라 이자가 달라지면서 매일 복리로 이자를 계산해요. 예를 들어 1년간 10%의 이자가 붙는 파킹통장에 100만 원을 넣어 둔다면, 첫해에는 이자가 10만 원(100만 원의 10%) 붙어서 총 110만 원이 됩니다. 다음 해에는 이 110만 원에 다시 10%의 이자가 붙어 11만 원의 이자가 발생해 총 121만 원이 되지요. 이렇게 계속해서 원금에 이자가 합산되어 계산하는 방식이에요. 따라서 예금 규모가 클수록 높은 금리를 적용받을 수 있어요. 단, 최고 금리를 적용받기 위해서는 마케팅 동의나 오픈뱅킹 등록 등 세부적인 동의가 필요해요. 파킹통장을 선택할 때는 예금 금액과 용도에 맞춰 자신에게 가장 유리한 상품을 고르는 것이 중요해요.

OX 퀴즈 기사를 읽고 설명이 맞으면 O, 틀리면 X 표시를 해 보세요.

- 은행 예금금리가 오르면서 파킹통장이 인기를 얻고 있어요. (　　)
- 파킹통장은 하루만 맡겨도 이자를 받을 수 있어요. (　　)

낱말 고르기 기사를 읽고 다음 괄호 안에 들어갈 알맞은 말을 골라 보세요.

금융 시장의 불확실성이 커지면서 투자처를 찾지 못한 예테크족이 조금이라도 (이자 , 투자)를 더 주는 곳에 돈을 맡기고 있어요.

어휘 익히기 다음 초성 힌트와 설명을 보고 해당하는 어휘를 적어 보세요.

- ㅇㄱ　이자를 제외한 원래의 돈.
- ㅎㅅ　합하여 계산함.
- ㄱㄹ　빌려준 돈이나 예금에 붙는 이자.
- ㅇㄷ　쓰이는 곳.

생각 쑥쑥 기사를 읽고 다음 질문에 답해 보세요.

① 은행에 돈을 맡기면 무엇을 지급해 주나요?

② 은행에 돈을 맡길 때 복리와 단리 중 어떤 게 이익일까요?

청약통장, 더 빨리 만드세요!

> **미리보기 사전**
>
> **청약통장**
> 집을 살 때 필요한 통장을 말해요. 매달 일정한 금액을 저금하면 점수가 쌓이고, 그 점수를 인정받아 아파트나 주택 등 집을 살 때 유용하게 활용할 수 있어요.

올해부터 정부가 미성년자 청약통장 인정 기간을 기존 2년에서 5년으로 확대했어요. 이 소식을 듣고 청약통장 가입자가 증가했어요.

청약통장 만들면 집 사는 데 유리해!

최근 중학생 자녀를 둔 부모들이 자녀의 청약통장을 만드는 데 관심이 많아요. 더 오랜 기간 유지한 통장과 더 많은 돈을 넣은 통장일수록 집을 사는 데 높은 점수를 얻기 때문이에요. 올해부터 미성년자 청약통장 인정 기간이 기존 2년에서 5년으로 늘어났어요. 만 14세에 청약통장을 만들면 만 29세에 청약통장 가입 기간 만점(17점)을 받을 수 있게 된 거예요. 청약통장 납입 인정 금액도 기존 200만 원에서 600만 원으로 증가했어요. 매월 10만 원씩 5년을 납입하면 최대 600만 원까지 인정돼요.

인구가 줄어도 청약통장이 필요할까?

많은 사람들은 신축 아파트나 인기 있는 지역에서 살고 싶어 해요. 주변 환경이 잘 갖춰져 있어 생활하기 편리하기 때문이죠. 신축 아파트는 조경, 공동 시설 등이 잘 마련돼 있고 집 주변에 도서관, 백화점, 공연장, 놀이 시설 등 다양한 생활 시설들이 있어요. 대부분의 아파트는 청약으로 분양해요. 인기 많은 지역은 경쟁이 치열해서 유명 건설사 아파트는 1점 차이로 당락이 결정되기 때문에 좋은 아파트를 얻기 위해서는 청약 점수가 매우 중요하답니다. 따라서 청약 경쟁에서 유리하려면 청소년기에 미리 청약통장을 준비해 점수를 높이는 것이 필요해요.

OX 퀴즈 기사를 읽고 설명이 맞으면 O, 틀리면 X 표시를 해 보세요.

- 청약통장은 원하는 집을 살 때 중요해요. (   )
- 빈집이 늘어 사람들이 청약에 관심을 두지 않아요. (   )

낱말 고르기 기사를 읽고 다음 괄호 안에 들어갈 알맞은 말을 골라 보세요.

청약통장은 더 오랜 기간 유지한 통장과 더 많은 돈을 넣은 통장일수록 (높은   ,   낮은   ) 점수를 얻어요.

어휘 익히기 다음 초성 힌트와 설명을 보고 해당하는 어휘를 적어 보세요.

- ㅇㅈ   어떤 사실이나 가치를 공식적으로 받아들임.
- ㅇㅈ   현재 상태를 계속해서 지킴.
- ㅂㅇ   토지나 건물 등을 나누어 팖.
- ㄷㄹ   어떤 일이나 시험 등에서 합격하거나 떨어지는 결과.

생각 쑥쑥 기사를 읽고 다음 질문에 답해 보세요.

① 청약통장은 몇 세부터 가입할 수 있나요?

② 청약통장을 만들고 싶다면 그 이유를 써 보세요.

흰 팽이버섯 키우려면 돈 내세요

> **미리보기 사전**
>
> **로열티(Royalty)**
> 특정한 권리나 특허, 상표 등을 사용하기 위해 지불하는 돈을 뜻해요. 주로 저작권, 특허권, 상표권 등을 사용하는 대가로 지불하는 사용료예요.

국내산 팽이버섯의 95% 이상이 흰 팽이버섯이에요. 그중 75%가 일본 품종이라서 우리나라는 매년 10억 원 이상의 버섯 종자 로열티를 일본에 지급하고 있어요.

버섯 키우는데 왜 일본에 돈을 내요?

흰 팽이버섯은 오독오독 식감이 좋고 맛이 강하지 않아 어떤 음식에 넣어도 잘 어울려요. 그런데 이 버섯은 일본에서 개발해서 모든 권리가 일본에 있어요. 국내에서 이 버섯을 키우려면 권리를 가진 일본에 적정한 돈, 즉 로열티를 지불해야 하지요. 로열티를 내는 건 흰 팽이버섯뿐만 아니에요. 키위와 딸기, 청양고추도 종류에 따라 국내 재배 시 로열티를 내야 해요. 농촌진흥청에 따르면 지난해 국내 버섯의 로열티 지급액이 대략 20억 원이라고 추정하고 있어요.

토종 갈색 팽이버섯의 등장!

갈색 팽이버섯은 충청북도 농업기술원에서 개발한 신종 버섯이에요. 황금빛을 띠는 이 버섯은 흰 팽이버섯보다 단백질 함량이 높고, 몸에 좋은 베타글루칸이 약 1.6배나 많이 들어 있어 면역력을 강화해 주죠. 재배 기간도 20일 더 짧고 높은 온도에서도 잘 자라 냉방비 부담도 줄일 수 있어요. 가장 좋은 점은 우리나라에서 개발했기 때문에 로열티가 없다는 점이에요. 현재 우리나라는 농산품의 신품종 개발에 박차를 가하고 있어요. 버섯의 국산화율은 10년 사이 46%에서 62.9%로, 딸기는 78%에서 98.4%, 키위는 19.3%에서 29.4%로 증가했어요. 농업 전문가들은 로열티 없이 국내 식량자급률을 높이도록 신품종 개발에 더욱 힘써야 한다고 강조해요.

OX 퀴즈 기사를 읽고 설명이 맞으면 O, 틀리면 X 표시를 해 보세요.

- 다른 나라에서 개발한 농산품을 키우려면 로열티를 내야 해요. (   )
- 흰 팽이버섯에는 갈색 팽이버섯보다 몸에 좋은 성분이 더 많이 들어 있어요. (   )

낱말 고르기 기사를 읽고 다음 괄호 안에 들어갈 알맞은 말을 골라 보세요.

갈색 팽이버섯은 흰 팽이버섯보다 (단백질 , 칼슘) 함량이 높고, 몸에 좋은 베타글루칸이 약 1.6배나 많이 들어 있어 (면역력 , 성장력)을 강화해 주죠.

어휘 익히기 다음 초성 힌트와 설명을 보고 해당하는 어휘를 적어 보세요.

- ㅈㅈ   식물의 씨앗.
- ㅈㅂ   식물 등을 심어 가꿈.
- ㅎㄹ   어떤 성분을 포함하고 있는 분량.
- ㅁㅇㄹ   몸이 병원체에 저항하여 병에 걸리지 않는 능력.

생각 쑥쑥 기사를 읽고 다음 질문에 답해 보세요.

① 지난해 국내 버섯의 로열티 지급액은 얼마였나요?

② 로열티를 내지 않기 위해 또 어떤 품종을 개발하면 좋을까요?

납세왕에게 특별한 혜택을!

미리보기사전

손택스
국세청에서 홈택스와 연계해 운영하는 모바일 앱을 말해요. 납세자가 언제 어디서든 편리하게 세무 업무를 처리하도록 도와요.

국세청은 5월 말부터 경주 지역 주요 관광지에서 세금 포인트를 사용할 수 있는 모바일 쿠폰을 '모바일 손택스 앱'을 통해 발행하기도 했어요.

세금 내고 포인트를 쌓아요

요즘은 홈택스 사이트나 손택스 앱을 통해 세금을 간편히 납부할 수 있어요. 납부 내역 조회도 손쉽게 할 수 있지요. 앱을 통해 세무서 방문 예약 서비스를 신청해 현장에서 기다리는 시간을 줄일 수도 있고, 세무 관련 증명서를 모바일에서 바로 발급받을 수 있어 편리함을 더해요. 정부는 세금을 납부한 국민에게 세금 포인트를 부여해 혜택을 누리도록 장려하고 있어요. 세금 포인트는 각종 세금을 성실히 납부한 개인이나 법인에 주어져요.

세금 포인트로 관광명소 입장권이 할인된다고요?

세금 포인트는 개인이나 법인이 납부한 세금에 따라 자진납부한 세액 10만 원당 1점씩 점수를 부여해요. 이 포인트로 경주 관광지 입장료도 할인받을 수 있어요. 국세청은 경주시와 협력하여 세금 포인트를 동궁과 천마총·동궁원·오릉·무열왕릉·포석정·금관총·황룡사역사문화관·김유신장군묘 등 경주 주요 관광지 10곳의 입장료 할인에 사용할 수 있도록 했어요. 또한 중소기업 제품을 할인받아 구매할 수 있어요. 이 같은 정책이 중소기업의 매출 증대를 꾀해 경제 활성화에 도움을 줄 것이라 기대하고 있어요. 세금 포인트를 사용해 납부기한 연장도 가능해요. 세금 포인트를 통해 국민들이 세금 납부의 중요성을 인식하고, 성실히 세금을 납부하는 문화가 자리 잡기를 기대해 보아요.

OX 퀴즈 기사를 읽고 설명이 맞으면 O, 틀리면 X 표시를 해 보세요.

- 세금 포인트는 세금을 성실히 납부한 개인이나 법인에 부여돼요. (   )
- 세금 포인트를 사용해 경주 관광지 입장료를 할인받을 수 있어요. (   )

낱말 고르기 기사를 읽고 다음 괄호 안에 들어갈 알맞은 말을 골라 보세요.

손택스 앱을 통해 (세금 , 헌금)을 간편하게 납부할 수 있으며, 납부 내역도 (조회 , 구매)할 수 있어요. 납부한 세금에 따라 적립된 세금 포인트로 다양한 혜택을 받을 수 있어요.

어휘 익히기 다음 초성 힌트와 설명을 보고 해당하는 어휘를 적어 보세요.

- ㄴㅅ   세금을 내는 것.
- ㅅㅁㅅ   세금에 관한 사무를 맡아보는 지방 세무 관청.
- ㅈㄷ   양이 많아지거나 규모가 커짐.
- ㅇㅅ   어떤 사실이나 사물을 분명히 알고 이해함.

생각 쑥쑥 기사를 읽고 다음 질문에 답해 보세요.

① 세금 포인트로 받을 수 있는 혜택은 무엇인가요?

② 성실 납세자에게 또 어떤 혜택을 주면 좋을까요?

젤리로 천억 원 매출 달성!

> **메가브랜드(Mega brand)**
> 큰 이름을 가진 브랜드로, 그 아래 다양한 제품들을 만들어 판매하는 것을 말해요. 여러 제품을 만들어도 같은 이름을 사용해 제품 인식을 쉽게 하고 신뢰도를 높여요.

미리보기사전

한 봉지에 천 원인 젤리가 전 세계에서 연간 매출 1,000억 원을 돌파했어요.

천 원짜리 젤리가 대표 상품으로!

한 봉지에 천 원인 젤리로 지난해 글로벌 매출 1,300억 원을 기록한 제품이 있어요. 과일 모양의 젤리 '마이구미'가 그 주인공이에요. 전년 대비 56% 성장한 이 젤리의 주요 매출 비중은 중국 64%, 한국 26%, 베트남 10% 순이었어요. 특히 중국에서는 천연 과즙 젤리에 대한 수요가 크게 늘어 73%의 성장률을 보였어요. 한국과 베트남에서도 각각 33%의 성장세를 보이며 큰 인기를 끌었지요. 마이구미는 오리온의 대표 제품인 초코파이, 포카칩 등과 함께 연간 매출 1,000억 원을 넘어선 아홉 번째 브랜드이자 메가 브랜드로 당당히 자리 잡았어요.

현지화 전략으로 외국인 입맛 사로잡기

오리온은 나라별 현지 기후나 식문화를 고려해 맞춤형 젤리를 개발했어요. 베트남에서는 무더운 날씨에도 맛과 품질을 유지할 수 있는 기술을 적용했고, 외국인의 입맛에 맞게 원료와 맛을 차별화했어요. 특히 과일 맛을 구현하는 기술과 적절한 과즙, 수분 함량을 적용한 알맹이 시리즈가 큰 역할을 했어요. 한국에서도 다양한 과일 맛의 알맹이 시리즈가 인기를 끌며 아이들뿐 아니라 MZ 세대(1980~2000년생) 소비자들에게도 사랑받고 있어요. 마이구미는 앞으로도 K젤리의 대표 브랜드로서 전 세계로 진출하며 다양한 제품과 경쟁할 것이라고 해요.

OX 퀴즈 기사를 읽고 설명이 맞으면 O, 틀리면 X 표시를 해 보세요.

- 마이구미는 메가브랜드로 자리 잡았어요. (   )
- 해외에서 판매하는 마이구미 젤리 맛은 국내와 똑같아요. (   )

낱말 고르기 기사를 읽고 다음 괄호 안에 들어갈 알맞은 말을 골라 보세요.

무더운 날씨에도 맛과 품질을 유지할 수 있는 (기술   ,   디자인   )을 적용했고, 외국인의 입맛에 맞게 원료와 맛에도 (차별화   ,   보편화   )를 줬어요.

어휘 익히기 다음 초성 힌트와 설명을 보고 해당하는 어휘를 적어 보세요.

- ㄱㅈ   과일에서 배어 나오거나 과일을 짜서 나온 즙.

- ㅇㄹ   어떤 물건을 만드는 데 들어가는 재료.

- ㅂㅈ   전체 중에서 차지하는 비율이나 중요성.

- ㅎㅈㅎ   특정 지역이나 나라의 특성에 맞게 제품이나 서비스를 조정하는 것.

생각 쑥쑥 기사를 읽고 다음 질문에 답해 보세요.

① 마이구미의 현지화 전략은 무엇이었나요?

② 어떤 과일 젤리를 새롭게 맛보고 싶나요?

청년들을 위한 희망 계좌

> **적금**
> 은행 등에 일정 금액을 저축하고 나중에 찾는 저금을 말해요.
>
> *미리보기사전*

청년도약계좌는 청년들이 미래를 위해 저축할 수 있도록 도와주는 금융상품이에요. 최근 많은 청년들이 청년희망적금에서 청년도약계좌로 이동하며 미래를 준비하고 있어요.

청년희망적금에서 청년도약계좌로 이동

청년희망적금은 지난 2022년 출시되어 많은 청년들이 가입했던 금융상품이에요. 최근에는 약 49만 명의 청년들이 청년희망적금 만기 후 청년도약계좌로 이동했는데요. 청년도약계좌는 5년 동안 매달 70만 원까지 저축하면 정부가 매달 최대 2만 4천 원을 지원해서 총 5천만 원가량의 목돈을 만들 수 있는 상품이에요. 비과세 혜택도 있어서 실질 금리가 연 8~10%로 높답니다. 이러한 이유로 많은 청년들이 청년도약계좌를 선택하고 있어요.

청년도약계좌의 혜택과 목표

청년도약계좌는 청년들이 안정적으로 자산을 모으도록 돕는 정책의 일환이에요. 금융위원회에 따르면 청년희망적금 만기자가 청년도약계좌로 연계 가입하면 만기에 얻는 수익이 일반 적금 상품의 2.67배나 더 높다고 해요. 세금을 내지 않는 비과세 혜택까지 있기에 많은 청년들의 선택을 받았어요. 청년희망적금에서 청년도약계좌로 이동한 청년들은 더 많은 금액을 저축할 수 있게 된 거예요. 정부는 이 상품을 통해 청년들이 안정적으로 자산을 축적하고 나아가 주택 자금을 마련하는 등 목표를 이루도록 돕는다고 해요.

OX 퀴즈 기사를 읽고 설명이 맞으면 O, 틀리면 X 표시를 해 보세요.

- 청년도약계좌는 정부의 청년정책금융 상품이에요. (   )
- 청년도약계좌의 실질 금리는 연 3~4%로 다소 낮아요. (   )

낱말 고르기 기사를 읽고 다음 괄호 안에 들어갈 알맞은 말을 골라 보세요.

청년희망적금 만기자가 청년도약계좌로 연계 가입을 하면 (만기   ,   최초   )에 얻을 수 있는 수익이 일반 적금 상품에 비해 2.67배나 더 높다고 해요. 게다가 (세금   ,   과태료   )을 내지 않는 비과세 혜택까지 있기에 많은 청년들의 선택을 받았어요.

어휘 익히기 다음 초성 힌트와 설명을 보고 해당하는 어휘를 적어 보세요.

- ㅈㅊ   절약하여 모아 둠.
- ㅁㄱ   미리 정한 기간이 다 참.
- ㅅㅇ   이익을 거두어들임.
- ㅂㄱㅅ   세금을 매기지 않음.

생각 쑥쑥 기사를 읽고 다음 질문에 답해 보세요.

① 청년도약계좌는 5년 동안 매달 얼마까지 저축할 수 있나요?

② 정부에서 청년금융상품을 만들어 돕는 이유가 뭘까요?

전기차도 가성비가 뜬다

미리 보기 사전

전기차
휘발유나 LPG 같은 내연기관이 아닌, 전기를 충전하여 전기 에너지로 움직이는 자동차예요.

도로에서 파란색 번호판을 단 자동차를 본 적 있나요? 앞으로는 더 많이 만나 볼 수 있어요. 세계 1위 기업인 BYD 때문이에요.

BYD, 세계 전기차 시장을 휩쓸다

중국의 전기차 기업인 BYD(비야디)가 지난해 세계 전기차 판매량 1위를 차지했어요. BYD는 무려 302만 대의 전기차를 판매했다고 밝혔는데요. BYD가 판매 호조를 보인 까닭은 중국 정부의 전기차 보조금 덕분이에요. 독일 킬세계경제연구소에 의하면 BYD는 중국 정부로부터 2018년에서 2022년까지 총 4조 8,000억 원 가량의 보조금을 지원받았다고 해요.

도로 위의 새로운 강자, BYD의 매력은?

게다가 BYD는 저렴한 가격 때문에 많은 소비자의 선택을 받았어요. BYD에서 판매하는 보급형 전기차의 가격은 1만 달러(약 1,300만 원)가 조금 넘는데, 경쟁업체 테슬라에서 판매하는 가장 저렴한 모델은 3만 9천 달러(약 5,400만 원)에 달해요. 자동차 업계에 따르면 BYD의 3종 이내의 전기차가 국내 출시를 앞두고 있다고 해요. 우리나라에서는 전기차 구입 시 환경부로부터 전기차 보조금을 받을 수 있어요. 원래도 저렴한 BYD 전기차에 정부 보조금까지 받으면 훨씬 더 저렴하게 전기차 구입이 가능할 것으로 보여요. BYD가 국내에 정식으로 출시하면 국내의 다른 전기차 회사들도 이에 맞춰 가격 경쟁을 시작할 수도 있어요.

OX 퀴즈 기사를 읽고 설명이 맞으면 O, 틀리면 X 표시를 해 보세요.

- 지난해 세계 전기차 판매량 1위 기업은 테슬라예요. (   )
- 전기차를 구매할 때 환경부로부터 보조금을 받을 수 있어요. (   )

낱말 고르기 기사를 읽고 다음 괄호 안에 들어갈 알맞은 말을 골라 보세요.

우리나라에서는 전기차를 구입할 때 환경부로부터 전기차 (　보조금　,　세금　)을 받을 수 있어요. 원래도 저렴한 (　BYD　,　테슬라　) 전기차에 정부 보조금까지 받으면 훨씬 더 저렴하게 전기차 구입이 가능할 것으로 보여요.

어휘 익히기 다음 초성 힌트와 설명을 보고 해당하는 어휘를 적어 보세요.

- ㅎㅈ　　상황이나 형편 등이 좋은 상태.
- ㅂㅈㄱ　　정부나 공공단체가 일정한 목적을 달성하기 위해 개인에게 지급하는 돈.
- ㅊㅅ　　상품이 시장에 나옴.
- ㅈㄱㅊ　　전기 에너지를 동력원으로 하여 운행하는 차.

생각 쑥쑥 기사를 읽고 다음 질문에 답해 보세요.

① 전기차는 어떤 에너지를 사용하나요?

② BYD가 세계 전기차 판매 1위를 차지한 이유는 무엇인가요?

아르헨티나 물가가 비상이에요

> **미리보기사전**
> **초인플레이션**
> 물가가 매우 빠르게 오르는 현상을 말해요. 일반적인 인플레이션보다 심각한 상태로, 물가가 매일 또는 매시간 급격히 오르는 것이 특징이에요.

아르헨티나는 최근 물가가 너무 빨리 올라서 사람들이 돈을 들고 다니는 것도 힘들다고 해요. 왜 이렇게 되었을까요?

기준금리를 또 내렸다고요?

아르헨티나의 중앙은행은 올해 네 번째로 기준금리를 인하했어요. 지난 4월에는 두 번이나 금리를 내렸죠. 금리를 자주 인하한 이유는 내수 경제를 활성화하기 위해서예요. 지난해 12월 취임한 하비에르 밀레이 대통령은 금리를 낮추어 사람들이 은행에서 돈을 더 쉽게 빌릴 수 있도록 하려고 했어요. 초인플레이션 상황에서도 금리를 내렸던 것이죠. 현재 아르헨티나는 물가 상승률이 높아 빵 하나를 사는 데도 큰돈이 필요한 상황이에요. 그럼에도 아르헨티나 정부는 금리 인하를 통해 경제를 활성화하려고 애쓰는 중이랍니다.

최고액권 지폐 발행은 왜 했어요?

아르헨티나의 물가가 많이 오르면서 돈의 가치가 크게 떨어지자 중앙은행은 최근 최고액권인 1만 페소(약 1만 5천 원)짜리 지폐를 발행했어요. 이전 최고액권이 2천 페소였는데, 그보다 다섯 배나 큰 1만 페소 지폐를 만든 거예요. 그 이유는 사람들이 많은 돈을 간편하게 들고 다니게 하기 위함이에요. 전체적으로 금융 시스템을 효율적으로 운영하려는 목적도 있답니다. 아르헨티나 중앙은행은 연말부터 2만 페소 지폐를 유통할 수도 있다고 밝혔어요.

OX 퀴즈 기사를 읽고 설명이 맞으면 O, 틀리면 X 표시를 해 보세요.

- 초인플레이션은 물가가 매우 빠르게 오르는 현상을 말해요. (   )
- 아르헨티나 중앙은행은 올해 들어 한 번도 금리를 인하하지 않았어요. (   )

낱말 고르기 기사를 읽고 다음 괄호 안에 들어갈 알맞은 말을 골라 보세요.

1만 페소 지폐를 만든 이유는 사람들이 (많은 , 적은) 돈을 간편하게 소지하기 위해서예요. 전체적으로 금융 시스템을 더 효율적으로 운영하려는 목적도 있답니다.

어휘 익히기 다음 초성 힌트와 설명을 보고 해당하는 어휘를 적어 보세요.

- ㅊㅇ   어떤 직책이나 임무를 공식적으로 맡음.

- ㅇㅎ   물건값이나 금리를 낮춤.

- ㅇㅍㄹㅇㅅ   물가가 전반적으로 계속 오르는 현상.

- ㅎㅅㅎ   어떤 활동이나 기능이 활발하게 이루어지도록 만듦.

생각 쑥쑥 기사를 읽고 다음 질문에 답해 보세요.

① 아르헨티나의 1만 페소 지폐의 가치는 우리 돈으로 얼마인가요?

② 화폐 가치가 떨어지면 어떤 문제가 생기나요?

최저임금 인상이 가져온 결과

미리보기사전

최저임금
근로자가 일정 시간 일했을 때 반드시 받는 가장 낮은 임금을 뜻해요. 정부는 근로자가 기본적인 생활을 영위할 수 있도록 최저임금을 정하여 보수를 보장해요.

지난해 9월 미국 캘리포니아 주지사 개빈 뉴섬은 패스트푸드점 근로자의 최저임금을 인상하는 신속 법안에 서명했어요. 그런데 그 뒤 많은 일자리가 사라졌다고 해요. 왜 그럴까요?

미국 최고 최저임금

세계 많은 나라가 경기 불황으로 최저임금이 더디게 오르는 추세예요. 그런데 미국 캘리포니아주는 4월부터 패스트푸드점 근로자의 최저임금을 시간당 16달러에서 20달러(약 2만 8천 원)로 올렸어요. 시애틀 외곽 소도시 투퀼라(시급 20.29달러)를 제외하면 미국 전역에서 가장 높은 수준이 된 거예요. 지난해 9월 캘리포니아 주지사가 패스트푸드점 근로자 최저임금을 올리는 특별법을 통과시켰기 때문이에요. 법안이 통과되면서 이 업계 노동자 약 50만 7,000명이 혜택을 받게 됐어요.

최저임금 상승으로 일자리 사라져

최저임금이 오르면서 패스트푸드점 운영 방식이 변화하고 있어요. 법안 통과 후 피자 판매 업체인 피자헛은 지난해 12월 캘리포니아주 직영점 배달원 약 1,200명 이상을 감축한다고 발표했어요. 실제로 1,200명을 모두 해고하진 않았지만 일부 직원을 해고했고, 배달 서비스를 축소하거나 다른 업무로 전환 배치하기도 했어요. 음식값도 올라요. 햄버거 프랜차이즈 잭인더박스는 조만간 메뉴 가격을 6~8% 정도 올릴 계획이라고 해요. 최저임금이 오르면 음식점들의 운영비용이 늘어나서 자연적으로 따라오는 현상이에요. 최저임금 인상이 가져온 결과가 상당하지요?

OX 퀴즈 기사를 읽고 설명이 맞으면 O, 틀리면 X 표시를 해 보세요.

- 최저임금은 일하는 모든 사람들이 받는 가장 낮은 임금이에요. (   )
- 최저임금 인상은 근로자에게만 혜택을 주고, 고용주에게는 영향을 미치지 않아요. (   )

낱말 고르기 기사를 읽고 다음 괄호 안에 들어갈 알맞은 말을 골라 보세요.

최저임금이 오르면서 피자헛은 일부 직원을 (채용 , 해고)했고, 배달 서비스를 (축소 , 확대)하거나 다른 업무로 전환 배치했어요.

어휘 익히기 다음 초성 힌트와 설명을 보고 해당하는 어휘를 적어 보세요.

- ㅂㅇ   법으로 만들기 위해 제출된 계획이나 제안.
- ㅂㅎ   경제 활동이 전반적으로 좋지 않은 상태.
- ㄱㅊ   덜어서 줄임.
- ㅎㄱ   고용주가 근로자를 내보냄.

생각 쑥쑥 기사를 읽고 다음 질문에 답해 보세요.

① 최저임금이 오르니 덩달아 무엇이 올랐나요?

② 최저임금 상승과 유지 중 현명한 선택은 무엇일까요?

'투자의 나라'라고 불러 주세요

미리보기사전

NISA
일본의 투자 제도로 '신(新) 소액투자비과세제도'라고도 불려요. 일본 국민이 주식이나 채권에 투자할 때 발생하는 수익에 대해 세금을 면제하거나 줄여주는 제도에요.

현금과 저축의 나라로 잘 알려진 일본이 새로운 정책을 선보였어요. 어떤 정책일까요?

'투자의 나라'로 변화하는 일본

일본 정부가 국민이 노후에 필요한 자금을 투자로 마련할 수 있도록 새로운 투자제도(NISA)를 도입했어요. NISA는 주식이나 채권에 투자할 때 발생하는 수익에 대해 세금을 면제하거나 줄여주는 제도에요. 즉, NISA를 통해 투자한 금액과 수익에 대해 일정 기간 세금을 내지 않는 거예요. 이 제도는 투자 기간을 평생으로 연장하는 등의 혜택을 주어요. 일본증권업협회에 따르면 NISA 계좌 개설 건수는 2023년 한 달 평균 18만 건이었고, 올해 들어 가입한 사람만 200만 명을 넘었다고 해요.

투자 증가의 결과는 일본 경제 성장으로

투자에 대한 관심이 높아지면서 일본 경제도 긍정적인 변화를 겪고 있어요. 일본 증시가 활기를 띠고, 기업의 실적도 향상되고 있거든요. 세계 최대 자산운용사인 블랙록의 회장도 일본 경제가 선순환에 들어섰다면서 특히 "NISA를 통해 들어오는 돈이 중요한 역할을 하고 있다."라고 언급했어요. 일본 정부는 증시를 부양하고 기업들의 성장을 지원하기 위해 다양한 정책을 추진하고 있어요. 이러한 노력으로 일본 증시는 34년 만에 최고치를 기록했고, 국민들의 노후 자산이 증가하고 있어요. 일본이 '투자의 나라'라고 불리는 이유랍니다.

OX 퀴즈 기사를 읽고 설명이 맞으면 O, 틀리면 X 표시를 해 보세요.

- 일본 정부는 국민들이 노후 자금을 투자로 마련할 수 있는 제도를 도입했어요. (   )
- NISA는 일본 국민에게 세금을 더 걷는 제도에요. (   )

낱말 고르기 기사를 읽고 다음 괄호 안에 들어갈 알맞은 말을 골라 보세요.

NISA를 통해 투자한 금액과 그로 인한 (수익 , 비용)에 대해 일정 기간 동안 (세금 , 저축)을 내지 않아도 돼요.

어휘 익히기 다음 초성 힌트와 설명을 보고 해당하는 어휘를 적어 보세요.

- ㄴㅎ   나이가 들어서 일을 그만둔 후의 시기.
- ㄷㅇ   새로운 물건이나 제도 등을 처음으로 사용하거나 받아들임.
- ㅇㅈ   시간이나 거리를 늘림.
- ㅂㅇ   경제적으로 도와서 잘 살게 함.

생각 쑥쑥 기사를 읽고 다음 질문에 답해 보세요.

① 투자 금액과 수익에 대해 일정 기간 동안 세금을 내지 않는 일본의 새로운 투자 제도는?

② 앞으로 일본은 어떠한 경제적 변화를 겪게 될까요?

세계에서 가장 비싼 소

> **미리 보기 사전**
>
> **기네스북(Guinness book)**
> 세계에서 가장 기록적인 내용을 한데 모은 책이에요. 다양한 분야에서 최고, 최저, 최대 등의 기록을 인정받아 등재된 것들을 모두 포함해요.

세계에서 가장 비싼 소로 기네스북에 오른 소가 있다고 해요. 최고의 가격을 자랑하는 '금소' 가격을 알아볼까요?

비싸도 너무 비싼 이유

브라질에는 '넬로르'라는 특별한 소가 있어요. 이 소는 인도에서 유래한 품종으로, 브라질에서 가장 중요한 소 중의 하나예요. 넬로르 소는 온몸이 눈처럼 하얀 털로 덮여 있어요. 어깨에는 커다란 혹이 있으며, 턱 아래 피부가 축 늘어져 있죠. 다른 소보다 땀샘이 두 배 더 크기 때문에 더위에 강한 특징이 있어요. 넬로르 소 중에서도 특별히 아름답고 건강한 소가 하나 있어요. 바로 '비아티나-19'예요. 멋진 외모와 튼튼한 다리를 자랑하며, 고급 고기를 생산할 수 있는 능력까지 갖추고 있어 비아티나-19의 유전자 정보는 매우 귀하게 여겨져요. 이 때문에 비아티나-19는 몸값이 무려 56억 원에 달해요. 이러한 이유로 올해 3월 세계에서 가장 비싼 소로 기네스북에 이름을 올렸답니다.

홍수 피해자를 돕기 위한 특별한 경매

브라질 남부 지역에서 큰 홍수가 발생해 많은 사람들이 집을 잃고 피해를 입자 브라질 정부는 특별한 경매를 열기로 했어요. 세계에서 가장 비싼 소인 비아티나-19를 판매한다는 계획을 세운 것이죠. 비아티나-19는 매우 비싼 소이기 때문에 경매에서 높은 가격에 판매될 거예요. 이번 경매의 수익금은 모두 홍수 피해자들에게 기부될 계획이라고 해요.

OX 퀴즈 기사를 읽고 설명이 맞으면 O, 틀리면 X 표시를 해 보세요.

- 넬로르 소는 브라질에서 유래한 품종이에요. (   )
- 홍수 피해자들을 돕기 위해 비아티나-19가 경매에 나왔어요. (   )

낱말 고르기 기사를 읽고 다음 괄호 안에 들어갈 알맞은 말을 골라 보세요.

비아티나-19는 멋진 외모와 튼튼한 다리를 자랑하며, 고급 고기를 생산할 수 있는 능력을 갖추었어요. 비아티나-19의 (유전자 ,   피부   ) 정보는 매우 귀하게 여겨져요.

어휘 익히기 다음 초성 힌트와 설명을 보고 해당하는 어휘를 적어 보세요.

- ㅍㅈ   같은 종 안에서 특성이 비슷한 것끼리 모인 무리.
- ㄱㅂ   돈이나 물건을 자선 단체나 어려운 사람들에게 도움을 주기 위해 내놓음.
- ㅇㅈㅈ   부모로부터 물려받아 자손에게 전달되는 생물의 특성.
- ㄸㅅ   포유류에서, 땀을 몸 밖으로 내보내는 외분비샘.

생각 쑥쑥 기사를 읽고 다음 질문에 답해 보세요.

① 넬로르 소가 더위에 강한 이유는 무엇인가요?

② 비아티나-19는 경매에서 얼마 정도에 낙찰될까요?

꼼꼼히 따져봐야 하는 구독 서비스

> **미리보기 사전**
>
> **구독 서비스**
> 정기적으로 제품이나 서비스를 제공받는 시스템이에요. 신문, 잡지 등에 주로 사용되었지만, 현재는 다양한 분야에서 이용해요.

어디를 가든 구독 서비스를 쉽게 발견할 수 있어요. OTT 서비스부터 이커머스, 가전제품, 자동차까지 구독 서비스의 범위가 넓어졌어요. 편리함을 제공하는 구독 서비스가 우리 생활에 어떤 영향을 미칠까요?

구독 서비스의 확산과 편리함

대표적인 구독 서비스에는 OTT와 이커머스가 있어요. OTT 서비스는 매달 일정 금액을 내면 영화, 드라마, 애니메이션 등을 마음껏 시청할 수 있어요. 쿠팡 같은 이커머스 구독 서비스는 빠른 배송, 무료 배송, 무료 환불 등의 혜택을 제공해요. 이제는 가전제품, 자동차까지 구독 서비스의 범위가 넓어졌어요. LG전자의 구독 서비스는 정수기부터 냉장고까지 21개의 가전제품을 매달 적은 금액으로 이용할 수 있어요. 자동차 구독 서비스는 필요할 때마다 차량을 이용할 수 있죠. 다양한 구독 서비스 덕분에 우리의 생활은 점점 더 편리해지고 있어요.

구독 서비스의 문제점과 소비자의 피로

구독 서비스에는 여러 단점도 있어요. 우선 여러 개의 구독 서비스에 동시에 가입하면 월정액 부담이 크게 늘어요. 또한 구독 서비스는 소비자의 선택권을 제한해요. 모든 것을 자유롭게 이용할 수 있는 것처럼 보이지만, 실제로는 제공하는 서비스나 제품의 범위가 제한적일 수 있어요. 이로 인해 구독 서비스에 피로감을 느끼는 사람들이 많아지고 있어요. 소비자가 다양한 선택지에서 현명하게 결정을 내리기 어려워지기 때문이에요.

현명한 구독 서비스 이용 방법

구독 서비스를 현명하게 이용하려면 가입하기 전 신중하게 고민해야 해요. 기존에 가입한 구독 서비스와 겹치는 서비스는 없는지, 나에게 꼭 필요한지, 구독하면 정말 이익을 얻을 수 있는지 꼼꼼하게 따져봐야 하죠. 기업이 제품이나 서비스의 질을 계속해서 개선하도록 요구할 수도 있어야 해요. 구독 서비스는 편리함을 제공하지만, 동시에 피로감을 줄 수 있기 때문에 구독 서비스를 충분히 조사하고, 필요에 따라 구독을 취소하거나 변경하는 유연한 태도를 갖는 것이 중요해요. 이렇게 하면 구독 서비스의 장점은 최대한 누리면서도 피로감을 줄일 수 있어요.

OX 퀴즈 기사를 읽고 설명이 맞으면 O, 틀리면 X 표시를 해 보세요.

- 구독 서비스에 여러 개 가입하면 월정액 부담이 늘어날 수 있어요. (   )

낱말 고르기 기사를 읽고 다음 괄호 안에 들어갈 알맞은 말을 골라 보세요.

기존에 가입되어 있는 구독 서비스와 겹치는 서비스는 없는지, 나에게 꼭 필요한지, 구독에 가입하면 정말 (이익 , 손해)을 얻을 수 있는지 (꼼꼼하게 , 허술하게) 따져보고 가입해요.

생각 쑥쑥 기사를 읽고 다음 질문에 답해 보세요.

① 구독 서비스의 장점에는 어떤 것들이 있나요?

② 구독 서비스를 이용하면 일반 제품의 생산이 줄어, 비싸게 올린 구독 비용을 소비자가 강제로 부담해야 해요. 어떤 대책이 필요할까요?

📖 어휘 한눈에 보기

경제 기사에 등장한 한자어와 순우리말 어휘를 정리해 보아요. 한자처럼 보이지만 순우리말인 경우도 있고 순우리말처럼 보이는 말이 한자어인 경우도 있으니 꼼꼼하게 살펴보세요.

 경제 기사에서 눈여겨보면 좋을 **한자어**

명물
名 이름 **명**
物 만물 **물**

어떤 지방의 이름난 사물.

직거래
直 곧을 **직**
去 갈 **거**
來 올 **래**

중개인 없이 살 사람과 팔 사람이 직접 거래함.

인상
引 끌 **인**
上 위 **상**

물건값, 요금 등을 올림.

중고
中 가운데 **중**
古 옛 **고**

좀 오래되거나 낡은 물건.

토종
土 뿌리 **토**
種 씨 **종**

본디부터 그곳에서 나는 종자.

소비
消 꺼질 **소**
費 쓸 **비**

욕망에 따라 재화나 용역을 소모하는 일.

이득
利 이로울 **이(리)**
得 얻을 **득**

이익을 얻음.

수익률
收 거둘 **수**
益 더할 **익**
率 율 **률(율)**

자본에 대한 수익의 비율.

납입
納 들일 **납**
入 들 **입**

세금이나 공과금 등을 냄.

지불
支 지탱할 **지**
拂 떨칠 **불**

돈을 내어줌. 또는 값을 치름.

돌파
突 부딪칠 **돌**
破 깨뜨릴 **파**

일정한 기준이나 기록 등을 지나서 넘어섬.

봉지
封 봉할 **봉**
紙 종이 **지**

작은 물건이나 가루 등을 담은 주머니.

보급형	내수	지폐
普 두루 보 及 미칠 급 型 모형 형	内 안 내 需 구할 수	紙 종이 지 幣 비단 폐
널리 사용하게 할 목적으로 싸게 판매하는 물건의 유형.	국내에서의 수요.	종이에 인쇄하여 만든 화폐.

변화	면제	구독
變 변할 변 化 될 화	免 면할 면 除 덜 제	購 살 구 讀 읽을 독
사물의 모양이나 상태 등이 달라지거나 바뀜.	책임·의무 등을 면하여 줌.	신청을 통해 온라인에서 콘텐츠를 지속적으로 이용함.

🔍 경제 기사에서 눈여겨보면 좋을 순우리말

- **두루**   빠짐없이 골고루.
- **웃돌다**   어떤 정도를 넘어서다.
- **가짜**   거짓을 참인 것처럼 꾸민 것.
- **곤두세우다**   신경 등을 날카롭게 긴장시키다.
- **집**   사람이나 동물이 살기 위하여 지은 건물.
- **힘쓰다**   어떤 일에 힘을 들여 이바지하다.
- **손쉽다**   어떤 것을 다루거나 어떤 일을 하기가 퍽 쉽다.
- **입맛**   음식을 먹을 때 입에서 느끼는 맛에 대한 감각.
- **목돈**   한몫이 될 만한, 비교적 많은 돈.
- **까닭**   일이 생기게 된 원인이나 조건.
- **사라지다**   현상이나 물체 등이 없어지다.

세계

- 블루칼라
- 만다라트
- 폼페이
- 오랑우탄 외교
- 탕핑족

인생 숏 찍다가 큰일나요!

> **미리 보기 사전**
>
> **인생 숏**(인생 Shot)
> 인생에서 가장 멋지거나 특별한 순간을 담은 사진을 말해요. 특별한 장소나 평소와 다른 멋진 모습을 사진으로 남겨요.

베트남에서 등산객들이 제대로 된 장비 없이 맨손으로 바위산 절벽을 올라가는 영상이 SNS에 공개되어 논란이에요. 위험천만한 시도를 왜 한 걸까요?

소셜미디어에 이상한 사진이 공개됐어요

이 영상은 베트남 중부 빈딘성에 있는 혼추옹 산에서 찍은 것인데, 현지 언론은 혼추옹 산 정상은 관광객 출입이 금지된 곳이라고 해요. 지역 주민의 안내를 받아야 산 근처를 방문할 수 있다고 하는데요. 안전 장비 없이 평상복을 입고 산 정상에 오른 등산객들은 베트남 국기를 들고 기념사진을 찍는 뜻밖의 행동을 보였어요. 출입 규정을 어기고 인생 숏을 위해 아슬아슬한 등반을 시도한 거예요.

위험한 도전을 본 사람들의 반응은?

혼추옹 산 정상에는 고대 유물이 있어요. 약 49m 높이의 산꼭대기에 거대한 종 모양의 돌탑이 세워져 있어서 등산객들이 함부로 출입하면 유물 훼손 위험이 있어요. 위 영상을 본 많은 사람들은 정부가 이들을 철저히 조사해야 한다고 입을 모았어요. 이에 당국은 이들의 무모한 행동을 방치해서는 안 된다며, 관련 기관이 즉시 조치를 취할 것이라 밝혔어요. 이 사건은 사람들이 인생 사진을 남기기 위해 극단적인 방법을 선택할 때, 그것이 개인의 안전뿐 아니라 지역 사회와 문화유산에도 큰 영향을 미칠 수 있음을 시사해요.

OX 퀴즈 기사를 읽고 설명이 맞으면 O, 틀리면 X 표시를 해 보세요.

- 관광객은 혼추옹 산 정상에 올라갈 수 없어요. (   )
- 영상 속 등산객들은 안전 장비를 모두 착용한 뒤 산을 올랐어요. (   )

낱말 고르기 기사를 읽고 다음 괄호 안에 들어갈 알맞은 말을 골라 보세요.

등산객들은 출입 규정을 어기고 인생 숏을 위해 아슬아슬한 (등반   ,   운전   )을 한 거예요.

어휘 익히기 다음 초성 힌트와 설명을 보고 해당하는 어휘를 적어 보세요.

- ㄷㅂ   험한 산이나 높은 곳의 정상에 이르기 위하여 오름.
- ㅈㅂ   어떤 일을 하기 위해 사용되는 도구나 기계.
- ㅈㅂ   매우 가파르고 높은 바위산의 벽면.
- ㅂㅊ   돌보지 않고 내버려 둠.

생각 쑥쑥 기사를 읽고 다음 질문에 답해 보세요.

① 혼추옹 산 정상에는 무엇이 있나요?

② 인생 숏을 찍은 경험이 있나요? 나중에 사진을 볼 때 기분이 어땠나요?

간병인에게 모든 재산을

> **미리보기사전**
>
> **간병인**
> 몸이 불편하거나 아픈 사람을 돌보는 사람이에요. 병원이나 집에서 환자에게 필요한 도움을 주고, 약이나 식사를 챙겨주기도 해요.

지난 5월 중국 법원은 12년간 독거노인을 성실히 돌본 간병인에게 수백만 달러에 달하는 노인의 재산을 증여하라고 판결했어요.

남이지만 가족처럼지낸 간병인

중국의 한 노인이 자신을 12년 동안 돌봐 준 간병인에게 거액의 재산을 물려주고 세상을 떠나 화제를 모았어요. 루안은 1930년 중국 베이징에서 태어나, 어린 나이에 부모를 여의고 결혼하지 않은 채 평생 홀로 살았어요. 나이가 들면서 스스로 돌볼 힘이 없어지자 마을위원회에 간병인을 요청했지요. 위원회는 마을에서 평판이 좋은 '리우'라는 젊은 남성을 소개해 주었고, 둘의 인연이 시작됐어요. 노인을 세심히 돌보기 위해 리우와 그의 가족은 노인의 집으로 이주까지 했고, 그의 손자들도 루안과 가족처럼 지냈어요.

법원도 인정한 간병인의 진심

루안은 죽기 전, 자신이 보유한 중인 땅이 부동산 개발 구역에 포함되면서 집을 철거하는 대가로 아파트 5채에 해당하는 보상금을 받게 되었어요. 루안은 이 재산을 리우에게 주기로 약속했고, 7개월 뒤 93세로 세상을 떠났어요. 리우가 재산을 물려받자 루안의 동생들이 재산 반환 소송을 제기했어요. 마을 주민들은 재판 내내 리우가 산소호흡기 5대를 설치하고 매일 아침 식사를 준비하는 등 정성을 다해 루안을 돌봤다고 증언했어요. 반면 루안의 동생들은 생전에 찾아온 적이 거의 없다는 사실이 확인되었죠. 법원은 리우의 손을 들어주었어요. 이번 판결은 온라인상에서 '선행에 대해 제대로 보상받은 결과'라며 큰 호평을 받았어요.

OX 퀴즈 기사를 읽고 설명이 맞으면 O, 틀리면 X 표시를 해 보세요.

- 간병인은 아픈 사람을 돌보는 사람을 말해요. (   )
- 노인의 재산은 루안의 동생들이 소송을 걸어 모두 가져갔어요. (   )

낱말 고르기 기사를 읽고 다음 괄호 안에 들어갈 알맞은 말을 골라 보세요.

노인을 세심히 돌보기 위해 리안과 그의 가족은 노인의 집으로 (이주   ,   이민   )까지 했고, 그의 손자들도 (가족   ,   선생님   )처럼 지냈어요.

어휘 익히기 다음 초성 힌트와 설명을 보고 해당하는 어휘를 적어 보세요.

- ㅈㅇ   자신의 재산을 다른 사람에게 공짜로 주는 것.
- ㅇㅈ   다른 곳으로 옮겨서 삶.
- ㅍㅍ   다른 사람들이 어떤 사람이나 사물에 대해 가지는 생각이나 평가.
- ㅊㄱ   건물이나 구조물을 무너뜨리고 치움.

생각 쑥쑥 기사를 읽고 다음 질문에 답해 보세요.

① 판사가 간병인에게 증여를 허락한 이유는 무엇인가요?

② 여러분이 판사라면 어떤 판결을 내릴 건가요?

베니스 비엔날레가 선택한 주인공은?

> **비엔날레(Biennale)**
> 세계 최대 미술 축제인 비엔날레는 2년마다 열리는 예술 전시회예요. 이 축제는 예술 발전의 가교 역할을 하고, 각 나라의 문화적 다양성을 널리 알리는 데 큰 역할을 한답니다.

올해 베네치아 비엔날레에서 오세아니아 지역이 처음으로 최고상을 받았어요.

베니스 비엔날레, 예술가들의 꿈의 무대

베니스 비엔날레는 이탈리아 베니스에서 열리는 세계에서 가장 오래된 미술 전시회예요. 1895년부터 시작되어 여러 나라에서 온 예술가들이 작품을 전시하는 큰 축제지요. 올해로 60회를 맞이한 이 축제는 예술가들에게는 꿈의 무대이자 관람객들에게 예술의 세계를 선사하며, 각 나라의 예술을 통해 그 나라의 문화도 함께 전파해요. 많은 나라가 자신만의 전시관을 갖고, 그곳에서 자국 예술가들이 만든 작품을 전시하죠. 이 전시회를 통해 예술가들은 국제적인 주목을 받고 새로운 예술 트렌드를 제시해요. 여기서 수여되는 황금사자상은 가장 뛰어난 작품에 주는 미술계의 권위 있는 상으로, 수상자는 큰 명예를 얻어요.

황금사자상을 받은 주인공은 누구?

올해 베니스 비엔날레에서 오세아니아가 처음으로 황금사자상을 받았어요. 수상자인 뉴질랜드의 마오리족 여성 작가 그룹인 '마타아호 컬렉티브'는 큰 섬유 설치 작품을 전시해 많은 사람들의 시선을 사로잡았어요. 호주의 아치 무어 작가도 '키스와 친척'이라는 작품으로 주목 받았죠. 이 작품은 6만 5천 년의 역사를 거대한 칠판에 담아 전시했어요. 무어는 "베네치아의 운하를 통해 흘러 나간 물은 지구 전체를 연결한다. 원주민의 가계도 모든 생명이 큰 관계망 속에 있다는 것을 보여주고 싶었다."라고 감회를 밝혔답니다.

OX 퀴즈 기사를 읽고 설명이 맞으면 O, 틀리면 X 표시를 해 보세요.

- 비엔날레는 국제 예술 전시회로, 매년 개최해요. (   )
- 황금사자상은 베니스 비엔날레에서 가장 뛰어난 작품에 주는 상이에요. (   )

낱말 고르기 기사를 읽고 다음 괄호 안에 들어갈 알맞은 말을 골라 보세요.

이 축제는 각 나라의 예술을 통해 그 나라의 (문화   ,   경제   )도 함께 전파해요. 많은 나라가 자신만의 (전시관   ,   작업실   )을 갖고 그곳에서 자국의 예술가들이 만든 작품을 전시하죠.

어휘 익히기 다음 초성 힌트와 설명을 보고 해당하는 어휘를 적어 보세요.

- ㅇㅅㄱ   작품을 창작하거나 표현하는 것을 직업으로 하는 사람.
- ㄱㄴ   서로 떨어져 있는 것을 이어 주는 사물이나 성질.
- ㅁㅎ   사회 구성원에 의해 습득, 전달되는 행동 양식이나 생활 양식의 과정.
- ㅇㅈㅁ   그 지역에 본디부터 살고 있는 사람들.

생각 쑥쑥 기사를 읽고 다음 질문에 답해 보세요.

① 비엔날레는 무엇을 의미하나요?

_____

_____

② 올해 베니스 비엔날레에서 최고상을 받은 작품을 찾아보고, 감상을 말해 보세요.

_____

_____

보물이 가득한 폼페이 유적지

미리보기사전

프레스코(Fresco)
프레스코는 벽면에 석회를 바른 뒤 수분이 마르기 전 채색하여 완성하는 그림 기법을 말해요. 색이 벽에 스며들어 오랜 시간이 지나도 보존이 잘돼요.

최근 이탈리아 폼페이에서 놀라울 정도로 보존이 잘된 프레스코 기법의 벽화 여러 점이 발굴됐어요.

고대 도시 폼페이에서 2천 년 된 벽화 발견

폼페이는 고대 로마제국에서 가장 번성한 도시 가운데 하나였지만 서기 79년 베수비오 화산의 폭발로 화산재에 묻혀 사라졌어요. 최근 발굴된 벽화들은 폼페이의 가장 긴 도로 중 하나인 비아 디 놀라에 있는 개인 주택 연회장 벽에서 발견됐어요. 벽화는 프레스코 기법으로 제작되었고, 그리스 신화 속 인물들이 정교하게 그려져 있었어요. 트로이 왕자 파리스와 스파르타의 왕비 헬레나가 처음 만나는 장면, 태양의 신 아폴론이 트로이 공주 카산드라에게 사랑을 고백하는 장면 등이 담겨 있었죠. 벽화는 기원전 15년에서 서기 40~50년 사이에 만들어진 것으로 추정돼요. 폼페이의 유적은 오랫동안 두꺼운 화산재에 덮여 있었기에 비교적 보존 상태가 양호해요. 유적을 통해 당시의 모습을 짐작할 수 있답니다.

폼페이의 고고학적 가치와 중요성

16세기 수로 공사 도중 폼페이 유적이 출토된 이후 1748년 첫 발굴 작업을 시작해 현재는 과거 도시 형태를 어렴풋이 짐작할 수 있을 정도로 유적 정보가 축적됐어요. 보존 상태가 훌륭한 폼페이 유적지는 연구 가치가 높아 1997년에 유네스코 세계유산에 등재됐어요. 폼페이는 세계에서 두 번째로 많은 관광객이 방문하는 고고학 유적지로써, 당시 사람들의 생활 모습을 엿볼 수 있어 어느 곳보다 역사적 가치가 높은 곳이랍니다.

OX 퀴즈 기사를 읽고 설명이 맞으면 O, 틀리면 X 표시를 해 보세요.

- 폼페이는 베수비오 화산 폭발로 사라졌어요. (　　　)
- 프레스코 기법은 벽이 마르기 전 채색하여 완성하는 기법이에요. (　　　)

낱말 고르기 기사를 읽고 다음 괄호 안에 들어갈 알맞은 말을 골라 보세요.

최근 발굴된 (　벽화　,　화석　)들은 폼페이의 가장 긴 도로 중 하나인 비아 디 놀라에 있는 개인 주택 (　연회장　,　주방　) 벽에서 발견됐어요.

어휘 익히기 다음 초성 힌트와 설명을 보고 해당하는 어휘를 적어 보세요.

- ㅂㅅ　　번창하고 성장하여 발전함.
- ㅎㅅㅈ　화산이 폭발할 때 나오는 미세한 재.
- ㅂㅈ　　잘 보호하고 간직하여 남김.
- ㅊㅌ　　땅 속에 묻혀 있던 물건이 발굴되어 나옴.

생각 쑥쑥 기사를 읽고 다음 질문에 답해 보세요.

① 프레스코 벽화가 오랜 시간 잘 보존된 이유는 무엇인가요?

② 폼페이 유적지를 통해 무엇을 짐작해 볼 수 있나요?

이제 지휘도 한국이 대세!

> **미리보기 사전**
>
> **말코 콩쿠르(Malko Competition)**
> 권위 있는 국제 지휘 콩쿠르 중 하나로, 35세 이하의 젊은 지휘자만 참가할 수 있으며 3년 마다 열려요. 우승자는 세계 24개의 오케스트라와 지휘할 기회를 가져요.

지난 4월 20일 코펜하겐에서 기쁜 소식이 들려왔어요. 말코 국제 지휘 콩쿠르에서 한국인이 최초로 우승을 차지했다는 뉴스였어요. 세계를 매료시킨 지휘자, 이승원을 알아볼까요?

코펜하겐을 사로잡은 이승원의 지휘

말코 콩쿠르는 서류 심사에만 500명이 지원할 정도로 경쟁이 치열해요. 미리 제시된 경연곡 중 당일 제비뽑기로 하나를 결정해 경연을 진행하죠. 이승원은 매일 4시간밖에 못 자며 대회를 준비했다고 해요. 콩쿠르 주최 측은 이승원의 지휘 실력이 1라운드부터 뛰어났다고 전했어요. 지휘가 까다로워서 남들이 잘 사용하지 않는 기법까지 이용해 더 풍성한 음악을 만들어냈고 마침내 최종 우승까지 거머쥐었죠.

돌고 돌아 지휘자의 꿈으로

이승원은 지휘자로 데뷔하기에 앞서, 20년 넘게 비올라를 연주하며 비올리스트로 활동했어요. 하지만 지휘자의 꿈을 이루기 위해 다시 대학에 들어가 지휘 공부를 시작했죠. 지휘에 집중하기 위해 독일의 라이프치히 국립음대의 비올라 종신 교수직까지 내려놓았어요. 미국으로 떠난 이승원은 단 1년 만에 수석 부지휘자가 되었고 끝내 말코 콩쿠르에서 우승하며 지휘 실력을 인정받았어요. 말코 콩쿠르에서 우승한 이승원은 "앞으로 다양한 색깔을 내는 지휘자가 되기 위해 더 노력할 것."이라고 소감을 밝혔어요.

OX 퀴즈 기사를 읽고 설명이 맞으면 O, 틀리면 X 표시를 해 보세요.

- 이승원은 처음부터 지휘자로 활동했어요. (   )
- 말코 콩쿠르는 35세 이하의 젊은 지휘자만 참가할 수 있어요. (   )

낱말 고르기 기사를 읽고 다음 괄호 안에 들어갈 알맞은 말을 골라 보세요.

이승원의 지휘 실력은 1라운드부터 뛰어났어요. 지휘가 (까다로워서 , 쉬워서) 남들이 잘 사용하지 않는 (기법 , 속임수)까지 이용해 더 풍성한 음악을 만들어냈고 마침내 우승을 거머쥐었어요.

어휘 익히기 다음 초성 힌트와 설명을 보고 해당하는 어휘를 적어 보세요.

- ㅁㄹ   마음을 완전히 사로잡아 홀리게 함.
- ㄱㅇ   여러 사람이 기술이나 재능을 겨루는 대회.
- ㄱㅂ   예술이나 기술에서 특별한 방법이나 기술.
- ㅅㄹ   어떤 일을 잘 해낼 수 있는 능력이나 솜씨.

생각 쑥쑥 기사를 읽고 다음 질문에 답해 보세요.

① 이승원은 지휘자가 되기 전 어떤 악기를 연주했나요?

② 여러분은 꿈을 이루기 위해 어떤 노력을 하고 있나요?

연결되지 않을 권리를 지켜 주세요

> **미리보기사전**
>
> **연결되지 않을 권리**
> 업무 시간 외에 업무와 관련된 연락을 받지 않을 권리를 의미해요. 노동자들이 퇴근 후 전화, 이메일, 메시지 등을 받지 않게 하는 제도예요.

스마트 기기의 발달로 언제 어디서나 일할 수 있는 환경이 만들어졌지만 회사가 노동자들의 여가 및 개인 시간을 침해한다는 단점도 있어요. 프랑스는 2017년 이러한 문제를 해결하려고 관련 법안을 최초로 도입했고, 최근 미국 캘리포니아주에서도 비슷한 법안이 추진되고 있어요.

업무에서 해방될 시간

이 법안은 근로자들이 퇴근 후와 쉬는 날에 업무 연락을 받지 않도록 보호하는 것이 목적이에요. 법안이 통과되면 고용주는 근로계약서에 근무 시간과 휴무 시간을 명확히 기재해야 하며, 이를 어길 경우 최소 100달러(약 13만 원)의 과태료가 부과돼요. 긴급 상황이나 일정 조정 등의 업무를 제외하곤 예외 없어요. 코로나19로 재택근무 기간 동안 시시때때로 연락을 주고받던 방식이 현재까지 왕왕 이어진 것이 법안을 발의한 배경이었어요.

모두가 원하는 법안은 아닐 수도

이 법안을 찬성하는 사람들은 근로자의 일과 가정의 경계를 명확히 하고, 휴대폰을 통해 일과 가정이 혼재되는 상황을 방지할 수 있다고 얘기해요. 휴일에 업무 연락에 시달리지 않으면 생활의 질이 향상되고, 업무 피로도가 줄어들 것이라고 말하죠. 반대하는 사람들은 이 법안이 모든 직원에게 엄격한 근무 일정을 강요하고, 회사와 직원 간의 의사소통을 제한한다고 지적해요. 퇴근 후 추가 작업이 필요한 산업은 피해를 볼 수 있다고 말하죠. 법안이 실제로 어떻게 적용되고, 어떠한 영향을 미칠지 구성원들의 지속적인 논의가 필요해 보여요.

OX 퀴즈 기사를 읽고 설명이 맞으면 O, 틀리면 X 표시를 해 보세요.

- 프랑스는 2020년에 처음으로 연결되지 않을 권리 관련 법안을 도입했어요. (　　　)
- 법안에 따르면 긴급 상황이나 일정 조정은 예외로 인정돼요. (　　　)

낱말 고르기 기사를 읽고 다음 괄호 안에 들어갈 알맞은 말을 골라 보세요.

휴일에 업무 연락에 시달리지 않으면 생활의 (　질　,　양　)이 향상되고, 업무로 인한 (　피로　,　즐거움　)가 줄어들 거예요.

어휘 익히기 다음 초성 힌트와 설명을 보고 해당하는 어휘를 적어 보세요.

- ㄱㄹ　　법이나 규칙에 의해 보장되는 개인의 이익이나 자유.
- ㅇㄱ　　일에서 벗어나 자유롭게 쉴 수 있는 시간.
- ㅊㅎ　　남의 권리나 자유를 범하여 해를 끼침.
- ㄱㅇ　　원하지 않는 일을 억지로 시키는 것.

생각 쑥쑥 기사를 읽고 다음 질문에 답해 보세요.

① 미국 캘리포니아주에서 연결되지 않을 권리를 어기면 얼마의 과태료를 부과하나요?

② 여러분은 이 법안에 찬성하나요? 반대하나요?

외부인을 환영합니다

> **미리보기 사전**
>
> **월세**
> 집이나 방을 다달이 빌려 쓰는 값을 말해요.

최근 세계적으로 빈집을 활용해 지역 활성화에 이바지하려는 다양한 프로젝트가 진행되고 있어요.

한국의 빈집 활용 현황

전남 강진군에서는 '강진품애 프로젝트'를 진행하고 있어요. 이 프로젝트는 주인 없는 빈집을 깨끗하게 고쳐서 다른 지역에서 온 주민들에게 월세 1만 원을 받고 5년~7년 동안 빌려주는 정책이에요. 이렇게 하는 이유는 빈집을 방치하면 폐가로 변해 주변 환경을 해칠 수 있기 때문이에요. 다행히 이 프로젝트 덕분에 빈집 문제가 해결되고, 젊은 사람들이 늘어나면서 지역 경제가 활성화되고 있어요. 충북 보은군에서도 이와 비슷한 성격의 '희망둥지' 정책을 시행 중이에요. 지역이 나서서 이주민에게 빈집을 저렴하게 제공하고, 주인에게 집 고치는 비용을 지원하기도 해요. 이렇게 해서 빈집 문제를 해결하고 지역에 새로운 활력이 불고 있답니다.

이탈리아와 일본에서는?

이탈리아의 '1유로 프로젝트'는 버려진 집을 상징적인 가격인 1유로(약 1,500원)에 판매해요. 구매자는 집을 구입한 후 보통 3년 안에 집을 수리하거나 재건축해야 해요. 일부 지역에서는 구매자가 수리를 완료할 때까지 보증금을 예치하는 곳도 있죠. 수리한 집은 주거용으로 사용하거나 상업 및 관광용으로 활용해 지역 경제에 기여할 수 있어요. 일본의 '아키야'는 저렴한 가격으로 일본에 멋진 별장을 마련하고 싶은 외국인들에게 매력적인 선택지로 떠오르고 있어요. 이처럼 여러 나라에서 빈집을 활용해 지역 경제를 살리고 마을을 활성화하는 다양한 방법이 시행되는 추세예요.

OX 퀴즈 기사를 읽고 설명이 맞으면 O, 틀리면 X 표시를 해 보세요.

- 강진품애 프로젝트는 빈집을 월세 1만 원으로 빌려주는 거예요. (   )
- 이탈리아에서는 수리를 완료할 때까지 보증금을 안 쥐도 돼요. (   )

낱말 고르기 기사를 읽고 다음 괄호 안에 들어갈 알맞은 말을 골라 보세요.

매우 저렴한 가격에 빈집을 빌려주는 이유는 빈집을 (　방치　,　관리　)하면 (　폐가　,　농가　)로 변해 주변 환경을 해치기 때문이에요.

어휘 익히기 다음 초성 힌트와 설명을 보고 해당하는 어휘를 적어 보세요.

- ㅍㄱ　주인이 없어서 버려지고 사용되지 않는 집.
- ㅎㄹ　활동력이 있거나 활발한 기운.
- ㅇㅈ　맡겨 둠.
- ㅅㄹ　고장 나거나 낡은 것을 고치거나 새롭게 함.

생각 쏙쏙 기사를 읽고 다음 질문에 답해 보세요.

① 강진품애 프로젝트를 통해 빈집을 빌려주는 기간은 몇 년인가요?

② 빈집을 활용해서 새로운 이웃이 생기면 어떤 점이 좋을까요?

세계에서 가장 힘든 마라톤

> **미리보기 사전**
>
> **바클리 마라톤(Barkley Marathon)**
> 약 160km를 60시간 안에 완주하는 마라톤이에요. 이 대회는 뛰어야 하는 이유를 설득력있게 제시한 35명에게만 참가 기회를 줘요.

세계에서 가장 힘든 마라톤 가운데 하나인 바클리 마라톤에서 첫 여성 완주자가 탄생했어요.

불가능에 도전하는 마라톤

흔히 아는 마라톤은 42.195km의 거리를 달리는 경주예요. 하지만 바클리 마라톤은 일반 마라톤의 약 4배 거리를 60시간 안에 완주해야 해요. 마라톤 코스는 해마다 바뀌어요. 산길을 오르내리고 숲길을 헤쳐야 하는데, 길을 알려주는 사람도 없고 나침반도 소지할 수 없어요. 오직 기억에 의존하여 달려야 하기에 중간에 길을 잃는 경우도 부지기수라고 해요. 참가자의 99%가 완주를 포기하기에 마라토너 사이에서는 '불가능에 가까운 대회'라 불릴 정도예요. 바클리 마라톤은 1989년 대회 개최 이래 1,500명 이상의 참가자가 몰렸지만, 마라톤을 완주한 사람은 20명뿐이랍니다.

대회 최초로 여성 완주자 탄생

바클리 마라톤의 첫 여성 완주자는 영국의 재스민 패리스로, 59시간 58분 21초로 결승선을 통과했어요. 제한 시간인 60시간을 99초를 남기고 완주한 거예요. 패리스는 2022년과 2023년에 이어 세 번의 도전 끝에 마침내 제한 시간 안에 완주하며 최초의 여성 완주자로 이름을 올리게 됐어요. 올해에는 재스민 패리스를 포함해 총 5명의 완주자가 나왔어요. 바클리 마라톤은 육체적 한계를 뛰어넘어 정신적 도전을 의미해요. 완주하지 않아도 극한의 환경에 도전하는 것만으로도 공동체 의식이 형성된다고 해요.

OX 퀴즈 기사를 읽고 설명이 맞으면 O, 틀리면 X 표시를 해 보세요.

- 바클리 마라톤은 430km를 달리는 경주예요. (   )
- 재스민 패리스는 여성 최초로 바클리 마라톤을 완주했어요. (   )

낱말 고르기 기사를 읽고 다음 괄호 안에 들어갈 알맞은 말을 골라 보세요.

이 마라톤의 특징은 (코스   ,   나라   )가 해마다 바뀐다는 거예요. 산길을 오르내리고 숲길을 헤치며 달려야 하는데 (나침반   ,   해시계   )도 소지할 수 없고 길을 알려주는 사람도 없어요.

어휘 익히기 다음 초성 힌트와 설명을 보고 해당하는 어휘를 적어 보세요.

- ㅇㅈ   목표한 지점까지 다 달리다.
- ㄴㅊㅂ   방향을 알려주는 도구.
- ㅇㅈ   다른 것에 기대어 도움을 받음.
- ㄱㅎ   아주 끝에 있는 한계나 상태.

생각 쑥쑥 기사를 읽고 다음 질문에 답해 보세요.

① 지금까지 바클리 마라톤을 완주한 사람은 몇 명인가요?

② 오래 달리기 위해서는 무엇이 가장 중요할까요?

오타니 쇼헤이, 만다라트의 비밀

미리보기사전

만다라트(Mandalart)
목표를 달성하는 기술을 말해요. 일본에서 개발된 사고법으로, 활짝 핀 연꽃 모양으로 아이디어를 확장해 나간다고 해서 '연꽃 만개법'이라고도 불려요.

야구 선수로 잘 알려진 오타니 쇼헤이가 성공 비결을 밝혀 화제예요. 만다라트를 활용한 계획표가 핵심이라고 하는데요. 오타니 쇼헤이가 어떤 선수인지 먼저 알아볼까요?

야구 천재, 오타니 쇼헤이는 누구?

오타니 쇼헤이(29·LA 다저스)는 일본의 야구 선수예요. 아시아인 중 최초로 미국의 메이저리그에서 홈런왕을 달성했어요. 2023년 미국 프로 야구 LA 다저스와 7억 달러(약 9,200억 원) 계약을 체결해 세계 스포츠 사상 최대 규모 계약이라는 역사를 쓴 슈퍼스타죠. 그는 고등학교 때 만다라트를 이용해 꿈을 이루기 위한 계획을 세웠다고 해요. 오타니의 꿈은 '8개의 야구단에서 선택받는 야구 선수'가 되는 것이었어요. 그리고 이 꿈을 이루기 위해 필요한 작은 목표들을 만들고 실천했죠. 만다라트가 무엇이길래 꿈을 이루도록 도왔을까요?

만다라트, 어떻게 활용해요?

만다라트 계획표는 가로 3개, 세로 3개로 사각형을 그린 뒤, 가운데에 최종 목표를 적어요. 고교 시절 오타니는 '8개 구단 드래프트 1순위'를 핵심 목표로 적었고, 이를 달성하기 위한 여덟 가지 세부 목표로 '몸만들기·제구·구위·멘털·구속 160km/h·변화구·운·인간성'을 적었어요. 이어 각 세부 목표를 달성하기 위한 실천 과제를 적었죠. 오타니는 세부 목표 '운'에 대한 실천 과제로 '쓰레기 줍기' 등을 기록했는데요. 다른 사람이 무심코 버린 운을 줍는다는 생각으로 야구장에 떨어진 쓰레기를 주웠어요. 오타니는 이 기법으로 야구 실력뿐 아니라 인성도 긍정적으로 변화시킬 수 있었다고 해요. 만다라트 기법은 일본에서 유행처럼 번졌고, 우리나라 기업도 이 기법을 통해 직원들의 성장을 꾀하기도 해요.

OX 퀴즈 기사를 읽고 설명이 맞으면 O, 틀리면 X 표시를 해 보세요.

- 오타니 쇼헤이는 미국 출신의 야구 선수예요. (   )
- 만다라트는 활짝 핀 연꽃 모양과 같다고 해서 '연꽃 만개법'이라고도 불려요. (   )

낱말 고르기 기사를 읽고 다음 괄호 안에 들어갈 알맞은 말을 골라 보세요.

오타니는 세부 목표 '운'에 대한 실천 과제로 '쓰레기 줍기' 등을 기록했어요. 다른 사람이 무심코 버린 (운   ,   쓰레기   )을 줍는다는 생각으로 야구장에 떨어진 쓰레기를 주웠지요.

어휘 익히기 다음 초성 힌트와 설명을 보고 해당하는 어휘를 적어 보세요.

- ㄷㅅ   목적한 것을 이룸.
- ㅈㄱ   야구에서, 투수가 마음먹은 대로 공을 던지는 일.
- ㄱㄹ   주로 후일에 남길 목적으로 어떤 사실을 적음.
- ㅁㅍ   어떤 목적을 이루려고 지향하는 실제적 대상으로 삼음.

생각 쑥쑥 기사를 읽고 다음 질문에 답해 보세요.

① 만다라트 계획표에서 가장 가운데에 적는 것은 무엇인가요?

② 꿈을 이루기 위해 나만의 만다라트 표를 만들어 보세요.

블루칼라를 선택한 Z세대

> **미리보기 사전**
>
> **블루칼라(Blue-collar)**
> 작업 현장에서 일하는 노동자를 의미해요. 주로 청색 작업복을 입고 육체적 노동을 한다는 점에서 화이트칼라와 대비되어 쓰여요.

최근 미국의 Z세대 청년들이 용접이나 배관공 같은 블루칼라 기술직을 선택하고 있어요.

사무직 대신 배관공을 선택한 Z세대

미국의 일간지 월스트리트저널(WSJ)은 'Z세대는 어떻게 공구 벨트 세대가 되고 있는가'라는 제목의 기사를 보도했어요. 많은 Z세대가 대학에 진학해 사무직을 선택하기보다 용접, 배관공 같은 기술직을 선호한다는 내용이에요. 실제로 지난해 미국에서 직업훈련 칼리지에 등록한 학생 수는 전년 대비 16% 증가했어요. 이는 전국학생정보센터(NSC)가 2018년부터 데이터를 기록한 이래 최고 수준이에요. 같은 기간 건설과 차량 유지보수 기술을 배우는 학생도 각각 23%, 7% 늘어났어요.

기술직을 선택하는 이유는?

그 이유는 등록금을 내고 대학을 졸업해도 높은 연봉을 보장받을 수 없기 때문이에요. 최근 생성형 인공지능(AI)의 등장으로 사무직이 대체될 수 있다는 연구 결과가 발표되면서 AI가 대체할 수 없는 기술을 배우려는 경향이 뚜렷해진 것도 있어요. AI는 사람의 지적 노동을 대신할 수 있지만 용접이나 배관 같은 기술직은 대체하기 어려워요. 이러한 까닭에 기술직이 상대적으로 높은 임금을 받을 수 있어요. 지난해 건설직 신입사원의 평균 임금은 5.1% 오른 4만 8,089달러(약 6,500만 원)를 기록한 반면 같은 기간 서비스 분야 종사자 임금 인상률은 2.7%로 3만 9,520달러(약 5,300만 원)에 그쳤지요. Z세대가 기술직을 선택하면서, 미국에서는 새로운 직업 트렌드가 생겨나고 있어요.

OX 퀴즈 기사를 읽고 설명이 맞으면 O, 틀리면 X 표시를 해 보세요.

- 미국은 사무직을 하고 싶어 하는 사람이 점점 늘고 있어요. (   )
- 미국의 Z세대는 서비스직 분야에 취업하고 싶어 해요. (   )

낱말 고르기 기사를 읽고 다음 괄호 안에 들어갈 알맞은 말을 골라 보세요.

AI의 등장으로 (사무직   ,   생산직   )이 대체될 수 있다는 연구 결과가 나오면서 AI가 대체할 수 없는 (기술   ,   무술   )을 배우려는 경향이 강해졌어요.

어휘 익히기 다음 초성 힌트와 설명을 보고 해당하는 어휘를 적어 보세요.

- ㅇㅈ   금속을 녹여서 붙이는 작업.
- ㅇㅂ   1년 동안 받는 총 급여.
- ㄷㅊ   다른 것으로 바꾸거나 대신함.
- ㅈㅈ   지식이나 지성에 관한 것.

생각 쏙쏙 기사를 읽고 다음 질문에 답해 보세요.

① 미국의 Z세대가 대학 진학 대신 선택하는 직업은 무엇인가요?

② AI로 대체되지 않을 직업은 무엇이라고 생각하나요?

퇴직자를 위한 재고용 제도

> **미리보기사전**
>
> **재고용 제도**
> 정년퇴직 이후에도 일정한 조건을 충족하면, 퇴직자를 다시 고용해 계속 일할 수 있게 도와주는 제도예요.

일본의 자동차 기업 도요타가 65세 이상 퇴직자를 다시 고용해 70세까지 근무 가능한 제도를 도입한다고 해요. 일본의 법적 정년이 60세인 걸 감안하면 은퇴 후 10년 더 일할 수 있게 된 셈이에요.

일손이 부족해요? 정년을 늘리면 되죠

심각한 저출산 문제와 고령화로 일본의 많은 기업들이 일손 부족을 호소하던 중 도요타가 고령자를 다시 고용하는 '재고용 제도'를 계획했어요. 올해 8월부터 시행하며 모든 직종에서 70세까지 근무할 수 있도록 했죠. 일본은 일찌감치 고령 인구 활용을 제도화하는 데 앞장섰어요. 2013년 법 개정을 통해 기업이 정년을 65세로 연장하거나 65세까지 계속 고용(재고용)하거나, 정년을 폐지하는 것 중 하나를 의무적으로 선택하도록 했죠. 2021년에는 70세까지 고용할 것을 권고하는 법을 만들었어요. 지난해 일본의 65~69세 취업률은 52%로 10년 전보다 13.3% 상승했어요. 일본의 계속 고용제는 우리에게 시사하는 바가 커요.

재고용, 왜 해야 할까요?

우리나라 인구 중 경제활동인구 비율은 2040년에 57%로 줄어들 것으로 예상해요. 이런 상황에서 계속 고용제는 합리적인 대안이에요. 계속 고용제를 도입하기 위해서는 기업의 인건비 부담을 덜고, 세대 간 갈등을 줄이기 위한 준비가 필요해요. 오래 일할수록 임금을 더 많이 주는 호봉제에서 일의 난이도와 책임 여부에 따라 임금을 다르게 주는 직무급제로 바꾸는 일도 고려해야 해요.

OX 퀴즈 기사를 읽고 설명이 맞으면 O, 틀리면 X 표시를 해 보세요.

- 도요타는 직원을 70세까지 고용할 수 있어요. (   )
- 일본의 법적 정년은 65세에요. (   )

낱말 고르기 기사를 읽고 다음 괄호 안에 들어갈 알맞은 말을 골라 보세요.

많은 기업들이 (일손 , 기계) 부족으로 어려움을 겪고 있어요. 도요타는 고령자를 다시 (고용 , 해고)하는 '재고용 제도'를 계획했어요.

어휘 익히기 다음 초성 힌트와 설명을 보고 해당하는 어휘를 적어 보세요.

- ㅇㄱㅂ   사람을 부리는 데에 드는 비용.
- ㄱㅇ   비용을 주고 사람을 부림.
- ㅈㄴ   직장에서 물러나도록 정해져 있는 나이.
- ㄱㄱ   어떤 일을 하도록 권함.

생각 쑥쑥 기사를 읽고 다음 질문에 답해 보세요.

① 일본 기업은 정년을 몇 세로 늘렸나요?

② 우리나라는 정년을 몇 세로 늘리면 적당할까요?

동물도 죽음에 슬퍼할까요?

미리보기사전

슬픔
수많은 감정 중 하나로, 어떤 일이 잘 안되거나 누군가를 잃었을 때 느끼는 괴로움이나 아픔을 뜻해요.

동물도 사람처럼 감정을 느낄 수 있을까요? 특히 슬픔이나 이별에 대해 동물들도 우리와 비슷한 감정을 가질까요?

죽은 새끼를 안고 다닌 침팬지

스페인 비오파크 동물원에는 나탈리아라는 이름의 침팬지가 살고 있어요. 어느 날 나탈리아의 새끼는 태어난 지 얼마 되지 않아 세상을 떠나고 말았어요. 놀랍게도 나탈리아는 죽은 새끼의 시신을 100일 가까이 품고 다녔고, 깊은 슬픔에 빠진듯한 무기력한 모습을 보이기도 했어요. 비오파크 동물원의 책임자는 "침팬지도 사람처럼 죽음에 슬퍼할 수 있다."고 얘기했어요. 침팬지는 인간과 유전자 약 98%를 공유해요. 그래서 자식의 죽음에 슬퍼하는 모습도 인간과 닮았다고 분석돼요.

새끼 코끼리의 장례를 치를 코끼리

인도 벵골 지역에서 죽은 새끼 코끼리가 땅에 묻힌 채 발견됐어요. 인도 산림청과 인도과학교육연구소는 이 새끼 코끼리를 사람이 아닌 코끼리가 직접 묻었다고 전했어요.

코끼리들은 죽은 새끼를 땅에 묻고 그 위에 풀이나 나뭇가지, 흙 등을 덮었어요. 근처에 사는 주민들은 코끼리들이 큰 소리로 30분 정도 포효하는 소리를 들었다고 해요. 이 모습은 마치 사람이 장례식을 치르는 것과 매우 비슷해요. 코끼리는 인지 능력이 뛰어나고 사회생활을 하는 동물이라서, 죽은 새끼를 향한 애도의 마음을 표현한 것일 수 있어요.

OX 퀴즈 기사를 읽고 설명이 맞으면 O, 틀리면 X 표시를 해 보세요.

- 모든 동물들은 인간과 똑같은 감정을 느끼지 못해요. (   )
- 침팬지는 인간과 유전자가 매우 비슷해요. (   )

낱말 고르기 기사를 읽고 다음 괄호 안에 들어갈 알맞은 말을 골라 보세요.

코끼리들은 죽은 새끼를 땅에 묻고 그 위에 (풀 , 물)이나 나뭇가지, 흙 등을 덮었어요. 근처에 사는 (주민 , 외국인)들은 코끼리들이 큰 소리로 30분 정도 포효하는 소리를 들었다고 해요.

어휘 익히기 다음 초성 힌트와 설명을 보고 해당하는 어휘를 적어 보세요.

- ㅁㄱㄹ   어떤 일을 감당할 수 있는 기운과 힘이 없음.
- ㅈㄹㅅ   사람이나 동물의 죽음을 기리며 그들을 매장하거나 화장하기 전 행하는 의식.
- ㅍㅎ   사나운 짐승이 울부짖음.
- ㅇㄷ   죽음을 슬퍼함.

생각 쑥쑥 기사를 읽고 다음 질문에 답해 보세요.

① 침팬지와 인간의 유전자는 얼마나 비슷한가요?

② 새끼를 잃은 동물에게 위로의 메시지를 전해 보세요.

프랑스, 비상사태를 선포하다

누벨칼레도니
남태평양에 위치한 프랑스령 섬이에요. 니켈을 많이 생산하며, 프랑스의 인도·태평양 전략에 중요한 역할을 해요.

누벨칼레도니에서 폭력 사태가 발생해 프랑스 정부가 비상사태를 선포했어요. 무슨 일이 일어난 걸까요?

남태평양의 숨겨진 보석

누벨칼레도니는 남태평양에 있는 아름다운 섬이에요. 세계 3위의 니켈 생산국이기도 하죠. 프랑스가 1853년 이 섬을 점령한 이후 누벨칼레도니는 자치권을 일부 되찾았지만, 여전히 독립을 요구하는 목소리가 커요. 최근 프랑스 의회가 누벨칼레도니에 10년 이상 거주한 프랑스인에게 지방선거 투표권을 주는 법안을 추진했어요. 이에 누벨칼레도니 원주민인 카나크족은 프랑스의 영향력을 강화하려는 시도로 보고 강하게 반발했어요. 이에 따라 폭력 사태가 발생해 프랑스 헌병 1명과 카나크족 3명이 사망하고, 수백 명이 다치는 일이 벌어졌어요.

누벨칼레도니는 독립할 수 있을까?

상황이 심각해지자 프랑스 정부는 지난 6월 15일 누벨칼레도니에 비상사태를 선포하고 강경 대응에 나섰어요. 집회와 이동을 제한하고, 가택 연금과 수색 권한을 강화했죠. 누벨칼레도니는 프랑스의 인도·태평양 전략의 중요한 근거지로, 이곳이 독립하면 중국의 영향력 아래로 들어갈 가능성이 커요. 프랑스는 1998년 누메아 협정을 통해 자치권을 많이 넘겨주었지만, 원주민 무장 단체들은 여전히 독립을 요구하고 있어요. 이번 폭력 사태를 계기로 누벨칼레도니의 미래가 어떻게 될지 많은 이들이 주목하고 있어요.

OX 퀴즈 기사를 읽고 설명이 맞으면 O, 틀리면 X 표시를 해 보세요.

- 누벨칼레도니는 남태평양에 위치한 프랑스령 섬이에요. (   )
- 누벨칼레도니는 프랑스로부터 완전한 독립을 이미 이룬 상태에요. (   )

낱말 고르기 기사를 읽고 다음 괄호 안에 들어갈 알맞은 말을 골라 보세요.

프랑스 의회가 누벨칼레도니에 10년 이상 거주한 (프랑스인 , 중국인)에게 지방선거 (투표권 , 거주권)을 주는 법안을 추진했어요. 이에 카나크족은 프랑스의 영향력을 강화하려는 시도로 보고, 강하게 반발했어요.

어휘 익히기 다음 초성 힌트와 설명을 보고 해당하는 어휘를 적어 보세요.

- ㅂㅅㅅㅌ   예기치 않은 위기 상황에서 정부가 긴급하게 대처하는 상태.
- ㅈㅊㄱ   국가나 지방 자치 단체가 자주적으로 행정을 할 수 있는 권리.
- ㄷㄹ   다른 나라나 권력으로부터 자유로워져 자주적으로 존재하는 상태.
- ㅅㅍ   세상에 널리 알림.

생각 쑥쑥 기사를 읽고 다음 질문에 답해 보세요.

① 누벨칼레도니는 어떤 자원을 많이 생산하나요?

② 누벨칼레도니의 완전한 독립은 가능할까요?

이제 반려견과 나란히 비행 가능!

> **미리보기사전**
> **바크 에어(Bark-Air)**
> 세계 최초의 반려견 전용 항공사예요. 반려견이 주인 옆자리에 앉아 함께 비행하는 서비스를 제공하지요.

세계 최초 반려견 전문 항공사가 운항을 시작하면서 이제 반려견도 좌석에 앉아 견주와 함께 비행할 수 있게 됐어요.

반려견 전용 항공기에는 어떤 서비스가?

미국의 바크 에어는 반려견이 주인과 함께 좌석에 앉아 비행하는 특별한 서비스를 제공해요. 지난 5월에 뉴욕에서 LA로 가는 첫 비행이 이루어졌죠. 이 항공기를 이용하면 강아지가 주인과 떨어져 화물칸에 있거나 기내 케이지에 갇혀 있지 않아도 돼요. 기내에는 강아지 좌석뿐만 아니라 산책을 위한 공원, 온천 시설도 있어요. 반려견 전용 샴페인과 '바르카치노'라는 개 전용 커피도 제공되고, 배변 패드도 마련되어 비행 중 언제든 용변을 처리할 수 있어요. 또한 반려견과의 비행을 기념하는 반려견 전용 비행기표와 여권도 제공하지요.

특별한 서비스의 가격은?

항공권 가격은 꽤 비싼 편이에요. 편도 기준 국제선은 약 1,100만 원, 국내선은 약 822만 원이에요. 이 금액은 사람과 반려견의 탑승 비용을 모두 포함해요. 항공기에는 최대 15마리의 반려견과 사람이 탈 수 있고, 반려견의 크기나 품종 제한은 없어요. 개 한 마리당 한 명의 견주가 동반할 수 있지만, 승객은 18세 이상 성인만 가능해요. 바크 에어의 모기업은 반려동물 사료 및 장난감 제조 회사인 '바크'예요. 이 회사 대표는 자신의 반려견 휴고와 함께 비행기를 타려다 어려움을 겪은 후, 반려견 전용 항공사를 만들겠다고 결심했어요. 바크 에어는 당분간 미국 뉴욕과 LA, 영국 런던 노선을 운항할 계획이에요.

OX 퀴즈 기사를 읽고 설명이 맞으면 O, 틀리면 X 표시를 해 보세요.

- 이제 반려견과 비행기 탑승 시 옆자리에 앉을 수 있어요. (　　　)
- 대형견은 바크에어 비행기에 탑승할 수 없어요. (　　　)

낱말 고르기 기사를 읽고 다음 괄호 안에 들어갈 알맞은 말을 골라 보세요.

항공기에는 최대 (　15　,　20　)마리의 반려견과 사람이 탑승할 수 있고, 크기나 품종에 제한이 없어요. 개 한 마리당 한 명의 견주가 동반할 수 있지만, 승객은 (　18세　,　20세　) 이상 성인이어야 해요.

어휘 익히기 다음 초성 힌트와 설명을 보고 해당하는 어휘를 적어 보세요.

- ㅇㅎ　　배나 비행기가 다니는 일.
- ㅍㄷ　　한쪽 방향으로 가는 것.
- ㄱㄴ　　비행기의 안.
- ㅁㄱㅇ　한 기업의 근본이 되는 기업.

생각 쏙쏙 기사를 읽고 다음 질문에 답해 보세요.

① 회사 대표가 바크 에어를 만든 이유는 무엇인가요?

② 바크 에어의 항공권 가격이 적당하다고 생각하나요?

44일 동안 선거가 이어진 인도

국회의원 — 미리보기 사전

법을 만들고, 나라의 중요한 일을 결정하는 역할을 하는 사람들이에요. 국회의원은 국민이 선거를 통해 뽑고, 국민의 대표자로서 나라를 더 좋게 만들기 위해 노력해요.

인구 약 14억 명의 거대한 나라 인도에서는 국회의원을 뽑는 선거가 무려 44일 동안 이어졌어요. 그 긴 시간 동안 어떻게 진행했을까요?

아주 특별한 인도의 국회의원 선거

인도의 유권자는 약 9억 명이에요. 이렇게 많은 사람이 선거에 참여하는 만큼 하루에 투표를 끝내기에는 무리가 있어요. 투표소는 약 105만 곳으로, 전국을 7개 구역으로 나눠 각기 다른 선거일에 투표해요. 지난 5월 19일부터 시작해 6월 1일까지 이어졌으며, 개표는 6월 4일 진행했어요. 인도에서는 전자투표기를 사용해서 투표를 진행해요. 이 기계에는 각 정당의 상징 그림이 있어 글을 못 읽는 유권자도 쉽게 투표할 수 있어요. 인도에 선거 제도가 자리 잡던 초기에는 문맹 유권자들이 더 많았고, 이들을 위해 그림으로 정당을 구분하던 전통이 오늘날까지 이어지고 있는 거예요.

손톱에 잉크를 바르는 이유

인도선거관리위원회는 유권자들이 투표를 마치고 나면 손톱에 잉크를 발라줘요. 이는 '투표를 한 사람'을 구분하기 위해서예요. 인도에서는 선거가 오랜 기간 진행되기 때문에 신분증을 도용해 여러 번 투표하는 부정투표가 발생할 수 있어요. 그래서 이미 투표를 마쳤음을 증명하기 위해 손톱에 잉크를 묻힌답니다. 선거에 사용되는 잉크는 특수 제작한 것으로, 최대 2주까지 지워지지 않고 손톱에 남아요. 인도는 이 방법으로 공정하고 투명한 선거를 진행할 수 있었던 거예요.

OX 퀴즈 기사를 읽고 설명이 맞으면 O, 틀리면 X 표시를 해 보세요.

- 인도에서 국회의원을 뽑는 선거는 하루 동안 진행해요. (   )
- 인도에서는 투표를 마친 사람의 손톱에 잉크를 발라줘요. (   )

낱말 고르기 기사를 읽고 다음 괄호 안에 들어갈 알맞은 말을 골라 보세요.

인도에서는 투표에 (전자투표기 ,   종이투표지   )를 사용해요. 이 기계에는 각 정당의 상징 그림이 있어 글을 못 읽는 (유권자   ,   채권자   )도 쉽게 투표할 수 있어요.

어휘 익히기 다음 초성 힌트와 설명을 보고 해당하는 어휘를 적어 보세요.

- ㅁㅁ   글을 읽거나 쓸 줄 모름. 또는 그런 사람.
- ㅇㄱㅈ   투표할 권리를 가진 사람.
- ㄷㅇ   남의 물건 등을 몰래 씀.
- ㅂㅈㅌㅍ   정해진 규칙을 어기고 부정하게 진행된 투표.

생각 쑥쑥 기사를 읽고 다음 질문에 답해 보세요.

① 인도에서 전자투표기에 그림을 넣은 이유는 무엇인가요?

② 투표를 마친 유권자는 손톱에 왜 잉크를 바를까요?

탕핑족은 양로원에 갑니다

> **미리 보기 사전**
>
> **탕핑족**
> 적극적인 일이나 소비를 피하고, 최소한의 생계 활동만 하는 중국의 젊은이들을 의미해요.

중국에서는 청년들이 '청년 양로원'이라는 곳에서 부모의 눈치를 보지 않고 편하게 쉬면서 생활한대요. 어떤 곳일까요?

청년들이 양로원을 찾는 이유는?

탕핑(납작하게 눕다)족은 최소한의 생계 활동만 유지하는 청년을 말해요. 이들은 일시적으로 쉴 수 있는 청년 양로원을 찾는다고 해요. 몸보다 마음 건강을 챙기는 데 초점을 맞춘 이 시설에는 바, 카페, 노래방 등 휴식과 사교를 위한 공간도 마련되어 있어요. 사용료는 월 1,500위안(약 28만 원) 정도로, 입주자들은 마당에서 운동을 하고, 산에서 명상하며 농사나 낚시도 즐길 수 있어요. 청년 양로원을 운영하는 루레이레이는 "많은 20대와 30대가 번아웃과 상실감을 느끼고 있다."며 양로원을 찾는 이유에 대해 말했어요.

파이어족도 양로원을 찾는다

중국의 파이어족도 청년 전용 양로원을 찾고 있어요. 파이어족은 '경제적 자립, 조기 은퇴'를 목표로 하는 사람들을 말해요. 30~40대에 은퇴를 계획하며 경제적 자유를 얻고자 하는 사람들이죠. 이처럼 청년 양로원은 단순한 휴식처가 아니라, 청년들이 경제적 부담을 덜고 서로의 처지를 공감하며, 정보를 교환하는 공간으로 자리 잡고 있어요. 청년 양로원의 인기는 중국의 경기 둔화와 일자리 부족, 일하기 싫어하는 젊은이들의 사회상을 반영해요.

OX 퀴즈 기사를 읽고 설명이 맞으면 O, 틀리면 X 표시를 해 보세요.

- 탕핑족은 적극적인 일과 소비를 즐기는 청년들을 의미해요. (   )
- 파이어족도 청년 양로원을 찾고 있어요. (   )

낱말 고르기 기사를 읽고 다음 괄호 안에 들어갈 알맞은 말을 골라 보세요.

청년 양로원은 단순한 (휴식처   ,   피난처   )가 아니라 청년들이 경제적 부담을 덜고 서로의 처지를 공감하며, 정보를 (교환   ,   차단   )하는 공간으로 자리 잡고 있어요.

어휘 익히기 다음 초성 힌트와 설명을 보고 해당하는 어휘를 적어 보세요.

- ㅅㄱ   살아가는 데 필요한 경제적 활동이나 그에 따른 수입.
- ㅇㄹㅇ   주로 노인들을 위한 복지시설이지만, 여기서는 청년들도 이용할 수 있는 곳.
- ㅅㄱ   여러 사람이 모여 사귐.
- ㅂㅇㅇ   과도한 스트레스나 과로로 인해 에너지가 소진되어 무기력해지는 상태.

생각 쑥쑥 기사를 읽고 다음 질문에 답해 보세요.

① 청년 양로원에서 무엇을 제공하나요?

② 청년들이 양로원을 찾는 트렌드가 계속돼도 좋을까요?

멕시코 첫 여성 대통령 당선!

> **유리천장**
> 여성이 높은 직위에 오르는 것을 막는 보이지 않는 장벽을 의미해요. 차별이나 편견으로 더 높은 위치로 올라가지 못하는 것을 비유적으로 표현한 말이에요.

지난 6월 멕시코에서 처음으로 여성 대통령이 탄생한 역사적인 사건이 일어났어요!

셰인바움, 멕시코의 첫 여성 대통령이 되다

멕시코는 남성 우월주의가 강한 사회예요. 이러한 나라에서 1824년 헌법 제정 이후 처음으로 여성인 클라우디아 셰인바움이 대통령으로 당선됐어요. 그녀는 중도좌파 성향의 집권당 모레나 소속으로, 득표율 58.3%~60.7%를 기록하며 승리했어요. 셰인바움 당선인은 "멕시코의 평화를 위해 노력하고 민주적인 나라를 만들겠다."고 다짐했어요. 셰인바움 당선인은 오는 10월 1일부터 대통령 임기를 시작해요. 임기는 6년으로, 2030년까지 멕시코를 이끌게 돼요. 이번 선거는 유리천장을 깨고 여성 대통령이 탄생한 멕시코의 큰 변화로 기록될 거예요.

새로운 바람, 여성 리더의 시대

멕시코에서 이번 선거를 치르는 동안 갱단 폭력 사건이 자주 발생해 최소 38명이 사망했어요. 셰인바움 당선인은 치안 문제 해결을 가장 큰 과제로 삼았어요. 또한 온건한 이민 정책과 친환경 에너지 전환, 공기업 강화를 주요 공약으로 내세웠고, 성소수자의 권리 증진 및 여성 범죄 해결 등에 앞장설 예정이에요. 셰인바움 당선인은 멕시코국립자치대에서 물리학과 공학을 공부했고, 에너지 산업 및 기후 분야의 전문가로서 환경부 장관을 지낸 경력이 있어요. 이번 선거는 멕시코뿐만 아니라 세계적으로 큰 주목을 받았어요. 그녀의 당선으로 멕시코는 이제 새로운 미래를 향해 나아가고 있답니다.

OX 퀴즈 기사를 읽고 설명이 맞으면 O, 틀리면 X 표시를 해 보세요.

- 지난 6월 멕시코는 첫 여성 대통령이 탄생했어요. (   )
- 셰인바움 대통령은 4년 동안 멕시코를 이끌게 돼요. (   )

낱말 고르기 기사를 읽고 다음 괄호 안에 들어갈 알맞은 말을 골라 보세요.

셰인바움 당선인은 (치안 , 환경) 문제 해결을 가장 큰 과제로 삼았어요. 또한 온건한 이민 정책과 친환경 에너지 전환, 공기업 강화를 주요 (공약 , 청약)으로 내세웠어요.

어휘 익히기 다음 초성 힌트와 설명을 보고 해당하는 어휘를 적어 보세요.

- ㅈㅂ 무엇인가를 막거나 가로막는 벽 또는 장애물.
- ㅇㅇㅈㅇ 특정한 사람이나 집단이 더 우수하다고 믿는 생각이나 태도.
- ㅊㅇ 국가 사회의 안녕과 질서를 위함.
- ㅇㄱ 생각이나 행동 등이 건전하고 착실하다.

생각 쑥쑥 기사를 읽고 다음 질문에 답해 보세요.

① 셰인바움 당선인이 내세운 공약은 무엇인가요?

② 여성 대통령이 이끄는 멕시코는 어떻게 변화할까요?

이스라엘과 하마스, 휴전은 언제?

휴전
교전하는 나라가 합의에 따라서 전쟁을 일시 정지하는 것을 말해요.

8개월 동안 전쟁을 계속해 온 이스라엘과 하마스가 전쟁을 멈추기 위해 평화를 논의하고 있다고 해요.

이스라엘은 하마스를 가자 지구에서 몰아내려고 해요

이스라엘은 팔레스타인 가자 지구에서 8개월 동안 군사 작전을 펼치고 있어요. 이스라엘 국방부 장관은 "하마스가 다시 가자 지구를 통치하는 일은 없을 것."이라고 말했어요. 이스라엘은 하마스를 몰아내고 새로운 정부를 세우려 해요. 하마스는 2007년에 가자 지구에서 팔레스타인 자치정부(PA)를 몰아내고 권력을 잡았어요. 그러면서 이스라엘의 존재를 인정하지 않고 강경한 태도를 유지하고 있죠. 미국과 서방 국가들은 자치정부(PA)를 개혁해 하마스가 아닌 PA가 가자 지구를 통치해야 한다고 주장해요.

하마스는 이스라엘이 완전히 철수하길 바라요

하마스는 이스라엘이 가자 지구에서 완전히 철수하고 영구 휴전을 약속해야만 휴전안에 동의할 것이라고 밝혔어요. 미국 조 바이든 대통령은 '가자 지구 3단계 휴전안'을 제시했어요. 1단계는 이스라엘군의 부분 철수와 일부 인질 석방, 2단계는 이스라엘군의 완전 철수와 남은 인질 석방, 3단계는 가자 지구 재건과 사망한 인질 송환이에요. 하마스 대변인은 "우리는 이스라엘이 모든 인질을 데려간 후 전쟁을 재개할까 봐 우려스럽다."라고 말했어요. 이스라엘 정부는 휴전안 수용과 거부를 두고 내부 갈등을 겪고 있어요. 이처럼 이스라엘과 하마스가 평화를 찾기 위해 협상하고 있지만, 서로의 요구가 달라 해결책을 찾기가 쉽지 않아 보여요. 과연 두 나라는 평화를 찾을 수 있을까요?

OX 퀴즈 기사를 읽고 설명이 맞으면 O, 틀리면 X 표시를 해 보세요.

- 이스라엘과 하마스는 8개월 동안 전쟁을 계속하고 있어요. (   )
- 이스라엘 국방장관은 하마스가 가자 지구를 다시 통치하는 것을 원하고 있어요. (   )

낱말 고르기 기사를 읽고 다음 괄호 안에 들어갈 알맞은 말을 골라 보세요.

이스라엘은 하마스를 몰아내고 새로운 (정부   ,   협회   )를 세우려 하고, 하마스는 이스라엘의 완전한 (철수   ,   거주   )를 원하고 있어요.

어휘 익히기 다음 초성 힌트와 설명을 보고 해당하는 어휘를 적어 보세요.

- ㅎㅈ   전쟁을 잠시 멈춤.
- ㅌㅊ   나라나 지역을 다스림.
- ㅎㅅ   문제를 해결하기 위해 서로 논의함.
- ㅊㅅ   군대나 병력이 특정 지역에서 물러남.

생각 쏙쏙 기사를 읽고 다음 질문에 답해 보세요.

① 미국 대통령은 휴전안으로 몇 단계를 제시했나요?

② 여러분이 휴전안을 제시한다면 어떤 내용을 담고 싶나요?

오랑우탄으로 외교를 한다고?

> **미리 보기 사전**
>
> **동물외교**
> 국가 간의 외교 관계를 강화하거나 이미지 개선을 위해 특정 동물을 선물하거나 임대하는 외교 정책을 말해요. 대표적인 예로 중국의 '판다 외교'가 있어요.

말레이시아가 팜유 수입국들에 오랑우탄을 선물하는 '오랑우탄 외교'를 시작한다고 발표했어요. 그런데 발표하자마자 이 계획은 논란에 휩싸였어요. 왜일까요?

판다 외교와 오랑우탄 외교

말레이시아의 오랑우탄 외교는 중국의 '판다 외교'에서 영감을 받은 것이에요. 중국은 오랜 기간 외교적으로 중요한 국가에 판다를 선물해 왔고, 이를 통해 친밀한 관계를 맺어 왔어요. 판다 외교는 중국의 이미지 개선과 외교 관계 강화를 위한 중요한 전략으로 자리 잡았죠. 말레이시아는 팜유 생산으로 환경 파괴 비판을 받는 가운데 다른 나라에 오랑우탄을 선물하며 이미지 개선을 꾀하고 있어요. 하지만 판다 외교와 달리 비판이 끊이지 않아요.

오랑우탄 서식지 보호해야

말레이시아의 오랑우탄 외교는 환경 단체들과 동물 보호단체들의 강한 반발을 사고 있어요. 오랑우탄은 멸종 위기종이므로, 원래 서식지에서 보호해야 한다는 것이 이들의 주장이에요. 오랑우탄을 다른 나라로 보내는 대신, 그들의 서식지인 열대우림을 보호하는 데 더 힘써야 한다는 거예요. 말레이시아는 오랑우탄 보호를 위한 충분한 계획을 제시하지 않아 꾸준히 비판받고 있어요. 동물 보호단체들은 말레이시아 정부가 오랑우탄 서식지를 보호하고 팜유 생산으로 인한 환경 파괴를 줄여야 한다고 강조해요.

OX 퀴즈 기사를 읽고 설명이 맞으면 O, 틀리면 X 표시를 해 보세요.

- 오랑우탄은 멸종 위기종이 아니며 다양한 서식지에서 쉽게 볼 수 있어요. (   )
- 환경 단체들은 오랑우탄을 원래 서식지에서 보호해야 한다고 주장해요. (   )

낱말 고르기 기사를 읽고 다음 괄호 안에 들어갈 알맞은 말을 골라 보세요.

관련 단체들은 오랑우탄을 다른 나라로 보내는 대신 팜유 농장을 만들기 위해 파괴된 (열대 우림   ,   빙하   ), 즉 그들의 (서식지   ,   동물원   )를 보호하는 것이 더 중요하다고 주장해요.

어휘 익히기 다음 초성 힌트와 설명을 보고 해당하는 어휘를 적어 보세요.

- ㅍㅇ   아이스크림, 비누 등 다양한 제품에 쓰이는 기름.
- ㄴㄹ   서로 다른 의견이나 입장을 가지고 벌이는 말다툼이나 토론.
- ㄱㅅ   잘못된 것이나 부족한 것을 고쳐 좋게 만듦.
- ㅅㅅㅈ   동식물들이 자리를 잡고 사는 곳.

생각 쏙쏙 기사를 읽고 다음 질문에 답해 보세요.

① 말레이시아가 오랑우탄 외교를 시작한 이유는 무엇인가요?

② 멸종 위기종이 아닌 동물로 하는 동물외교는 괜찮은 걸까요?

세계 정상들의 특별한 패션 전략

추구미 — 미리보기사전
각자가 추구하는 아름다움을 의미하는 단어예요. '추구'와 '미(美)'를 합친 말로, 자신이 원하는 아름다움이나 스타일을 이루기 위해 노력하는 것을 뜻해요.

최근 Z세대 사이에서 추구미라는 단어가 유행하고 있어요. 세계 정상들도 대중에게 좋은 이미지로 비치기 위해 '추구미'를 지향한다고 해요.

친근하고 젊은 이미지의 비밀

영국의 리시 수낵 총리는 최근 아디다스의 삼바 운동화를 신고 인터뷰에 나서 화제를 모았어요. 삼바는 전 세계적으로 유행하는 운동화 모델로, 복고풍의 멋을 자랑해요. 흰 셔츠와 검은 정장 바지에 흰색 삼바를 신고 나와 세금 정책을 설명한 수낵 총리는 세련된 패션을 통해 대중에게 친근하게 다가가려 애썼어요. 미국의 조 바이든 대통령도 젊은 이미지로 비치기 위해 선글라스를 자주 착용하고, 쾌활한 이미지를 나타내려고 푸른색 정장을 주로 입어요. 푸른색은 미국 국기에 포함된 색으로 애국심을 나타내는 효과도 있다고 해요.

환경 보호와 에너지 절약을 위한 패션

프랑스의 에마뉘엘 마크롱 대통령은 환경 보호와 에너지 절약을 강조하기 위해 특별한 패션을 선보였어요. 지난 2022년 러시아와 우크라이나 전쟁으로 유럽에 에너지 대란이 일어났을 때, 에너지 절약의 중요성을 알리기 위해 터틀넥 스웨터를 입었어요. 터틀넥 스웨터는 목이 길게 올라오는 따뜻한 옷으로, 난방 대신 옷을 따뜻하게 입어 에너지를 절약하자는 메시지를 전달한 거예요. 대통령의 솔선수범 패션을 보여준 일화였죠. 이처럼 세계 정상들은 각자의 이미지와 메시지 전달을 위해 다양한 패션 전략을 펼쳐요.

OX 퀴즈 기사를 읽고 설명이 맞으면 O, 틀리면 X 표시를 해 보세요.

- 리시 수낵 총리는 인터뷰에서 운동화를 신었어요. (   )
- 터틀넥 스웨터는 목이 짧게 올라오는 옷이에요. (   )

낱말 고르기 기사를 읽고 다음 괄호 안에 들어갈 알맞은 말을 골라 보세요.

마크롱 대통령은 터틀넥 스웨터를 입고 나와 난방 대신 (옷 , 이불)을 따뜻하게 입어 에너지를 절약하자는 메시지를 시민들에게 전달했어요. 대통령의 (솔선수범 , 다다익선) 패션을 보여준 일화였죠.

어휘 익히기 다음 초성 힌트와 설명을 보고 해당하는 어휘를 적어 보세요.

- ㅈㅅ   국가의 최고 지도자.
- ㅂㄱㅍ   과거의 스타일을 재현한 것.
- ㅋㅎ   명랑하고 활발함.
- ㅅㅅㅅㅂ 남보다 앞장서서 행동하여 본보기를 보임.

생각 쑥쑥 기사를 읽고 다음 질문에 답해 보세요.

① 미국 조 바이든 대통령이 자주 착용하는 것은 무엇인가요?

② 여러분의 추구미는 무엇인가요? 없다면 이번 기회에 생각해 보세요.

여행 전, 책임감 챙기셨나요?

> **미리보기 사전**
> **오버투어리즘(Overtourism)**
> 관광지에 많은 관광객이 몰려들어 현지 주민들의 일상을 방해하고 환경을 파괴하는 현상을 말해요.

교통수단의 발달로 해외 여행객이 많아지면서 오버투어리즘으로 몸살을 앓는 관광지도 많아졌어요. 어떻게 해결할 수 있을까요?

관광세로 오버투어리즘을 해결할 수 있을까?

아름다운 자연환경으로 유명한 하와이는 해결책으로 관광객에게 25달러(약 3만 5천 원)의 관광세를 부과하는 방안을 고려하고 있어요. 이탈리아의 베니스는 오버투어리즘을 해결하기 위해 5유로(약 7,500원)의 입장료를 받기 시작했지만, 관광객 수는 오히려 더 늘어났어요. 반면 남아시아의 작은 나라 부탄은 코로나19 이후 관광세를 200달러로 인상했지만, 관광객이 크게 줄어들자 다시 관광세를 100달러로 조정했어요. 이처럼 관광세나 입장료만으로 관광객 수를 조절하는 것은 쉽지 않아 보여요.

적극적인 규제로 관광지가 필요해

그리스의 아크로폴리스는 유적지 훼손의 위험 때문에 방문객 수를 하루 2만 명으로 제한했어요. 프랑스의 루브르 박물관도 하루 최대 1만 5천 명으로 입장을 제한해 쾌적하게 예술 작품을 관람하도록 했어요. 네덜란드의 암스테르담은 기존 호텔이 문을 닫아야만 새로운 호텔을 지을 수 있도록 했고, 유람선의 수를 줄여 관광객 수를 조절하기도 했어요. 이러한 조치들은 관광지를 보호하기 위한 적극적인 노력의 일환이에요.

중요한 건 책임감 있는 태도

우리나라의 북촌 한옥 마을도 오버투어리즘으로 몸살을 앓고 있어요. 오버투어리즘을 해결하기 위해서는 무엇보다 관광객의 태도가 중요해요. 여행하며 경험하는 아름다운 장면을 후손에게도 전할 책임이 있거든요. 잠시 방문하는 여행지는 누군가의 삶의 터전이라는 것을 기억하며, 그곳 주민들과 자연을 소중히 여기는 마음으로 행동해야 해요. 단순히 입장료를 올리거나 규제를 강화하는 것만으로는 부족해요. 우리가 책임감 있는 태도를 가지면 모두가 행복한 지속 가능한 여행을 만들 수 있어요.

OX 퀴즈 기사를 읽고 설명이 맞으면 O, 틀리면 X 표시를 해 보세요.

- 베니스에서는 관광객 수를 줄이기 위해 입장료를 받기 시작했어요. (   )

낱말 고르기 기사를 읽고 다음 괄호 안에 들어갈 알맞은 말을 골라 보세요.

단순히 (입장료   ,   할인권   )를 올리거나 규제를 강화하는 것만으로는 부족해요. 우리가 (책임감   ,   무관심   ) 있는 태도를 가지면 모두가 행복한 지속 가능한 여행을 만들 수 있어요.

생각 쑥쑥 기사를 읽고 다음 질문에 답해 보세요.

① 하와이는 관광객을 줄이기 위해 어떤 대책을 세웠나요?

② 관광객이 많으면 지역 경제에 도움이 되지만, 주민들이 불편을 겪을 수 있어요. 관광객 수를 조절해야 한다고 생각하나요? 주민들이 견뎌야 한다고 생각하나요?

어휘 한눈에 보기

세계 기사에 등장한 한자어와 순우리말 어휘를 정리해 보아요. 한자처럼 보이지만 순우리말인 경우도 있고 순우리말처럼 보이는 말이 한자어인 경우도 있으니 꼼꼼하게 살펴보세요.

 세계 기사에서 눈여겨보면 좋을 **한자어**

재산
財 재물 재
産 낳을 산

개인 등이 소유한 금전적 가치가 있는 것.

가족
家 집 가
族 겨레 족

주로 부부를 중심으로, 친족 관계에 있는 사람들의 집단. 또는 구성원.

선행
善 착할 선
行 다닐 행

착한 행실.

미술
美 아름다울 미
術 꾀 술

공간 및 시각의 미를 표현하는 예술.

고대
古 옛 고
代 시대 대

옛 시대.

지휘
指 가리킬 지
揮 휘두를 휘

합창·합주 등에서, 노래나 연주가 예술적으로 조화를 이루도록 앞에서 이끄는 일.

우승
優 넉넉할 우
勝 이길 승

경기, 경주 등에서 이겨 첫째를 차지함.

예외
例 법식 예(례)
外 바깥 외

일반적 규칙에서 벗어나는 일.

주거용
住 살 주
居 살 거
用 쓸 용

일정한 곳에 머물러 사는 데 쓰임.

불가능
不 아닐 불(부)
可 옳을 가
能 능할 능

할 수 없거나 될 수 없음.

구위
球 공 구
威 위엄 위

야구에서, 투수가 던지는 공의 위력.

사무직
事 일 사
務 힘쓸 무
職 벼슬 직

주로 문서 등을 다루는 일을 하는 직무 또는 사람.

이별
離 떠날 이(리)
別 다를 별

서로 갈리어 떨어짐.

반발
反 돌이킬 반
撥 다스릴 발

어떤 상태나 행동 등을 거스르고 반항함.

여권
旅 나그네 여(려)
券 문서 권

외국을 여행하는 사람의 신분이나 국적을 증명하는 문서.

선거
選 가릴 선
擧 들 거

공직에 임할 사람을 투표로 뽑는 일.

대통령
大 큰 대
統 거느릴 통
領 거느릴 령(영)

국가를 대표하는 국가의 원수.

영구
永 길 영
久 오랠 구

어떤 상태가 시간상 무한히 이어짐.

🔍 세계 기사에서 눈여겨보면 좋을 **순우리말**

- **아슬아슬하다** 마음이 위태롭거나 조마조마하다.
- **물려받다** 재물이나 지위 등을 전하여 받다.
- **처음** 시간적으로나 순서상으로 맨 앞.
- **담다** 어떤 내용이나 사상을 그림, 글 등에 포함하거나 반영하다.
- **어렴풋이** 기억이나 생각 등이 뚜렷하지 않고 흐릿하게.
- **거머쥐다** 무엇을 완전히 소유하거나 장악하다.
- **고치다** 고장이 나거나 못 쓰게 된 물건을 손질하여 제대로 되게 하다.
- **번지다** 풍습, 풍조 등이 사회 전반에 차차 퍼지다.
- **새끼** 낳은 지 얼마 안 되는 어린 짐승.
- **섬** 주위가 바다로 완전히 둘러싸인 육지의 일부.
- **바람** 사회적으로 일어나는 유행이나 분위기 또는 사상적인 경향.

사회 문화

- 궁케팅
- 색깔 유도선
- 주 4일제
- 스코빌 지수
- 디지털 교과서

특명! 궁케팅에 성공하라

> **미리 보기 사전**
>
> **궁케팅**
> '궁궐'과 '티켓팅'을 합친 말로, 궁궐 프로그램을 신청하려면 치열한 티켓 경쟁을 해야 해서 생겨났어요.

요즘 MZ 세대가 궁궐 체험의 매력에 푹 빠졌다고 해요. 이를 즐기기 위해서는 궁케팅이 필수라는데, 그 내용을 알아볼까요?

밤에 보는 궁이 더 멋있어

2010년 이후 한국문화재재단은 서울의 궁궐에서 다양한 프로그램을 꾸준히 선보였어요. 원래 낮에만 개방하는 궁을 밤에도 구경할 수 있는 '별빛야행(경복궁)', '달빛기행(창덕궁)', '밤의 석조전(덕수궁)', '생과방(경복궁)', '물빛연화(창경궁)' 같은 프로그램이 대표적이에요. 저마다 궁궐의 고유한 이야기에 맞춰 특화된 야간 코스를 돌아볼 수 있으며 궁중 음식 체험도 할 수 있어요. 이런 특별 프로그램은 티켓 예약이 열리는 순간 1분 내로 마감이 된다고 해요. 이러한 현상을 두고 사람들은 '궁캉스(궁궐+바캉스)'와 '궁케팅(궁궐+티켓팅)'이라는 신조어를 만들어냈어요. 실제로 2023년에는 궁궐 관람객이 전년 대비 28.5% 증가해 1,400만 명을 넘었어요. 궁케팅 열풍은 전통문화를 새롭게 해석하고 즐기려는 MZ 세대가 주도하고 있어요.

전통문화가 새로워

MZ 세대는 전통문화와 현대적인 요소가 결합한 콘텐츠를 새롭게 받아들여요. 서울의 고궁도 '현대와 전통이 섞인 색다른 공간'으로 여기는 것이죠. 역사 콘텐츠를 자주 접하지 못했기 때문에 전통문화를 고리타분하게 여기기 보다 흥미롭다고 인식해요. 이러한 변화가 젊은이들을 궁궐로 이끌었죠. 2019년부터 급물살을 탄 궁궐 체험 열풍은 이제 지속적인 관심을 받는 콘텐츠로 자리 잡았어요.

OX 퀴즈 기사를 읽고 설명이 맞으면 O, 틀리면 X 표시를 해 보세요.

- 경복궁, 창덕궁, 덕수궁은 서울 시내에 있는 궁궐이에요. (　　　)
- 서울시의 모든 궁궐은 야간에 언제나 개방되어 있어요. (　　　)

낱말 고르기 기사를 읽고 다음 괄호 안에 들어갈 알맞은 말을 골라 보세요.

궁케팅 열풍은 (전통문화 , 인공지능)을 새롭게 해석하고 즐기려는 (MZ , X) 세대가 주도하고 있어요.

어휘 익히기 다음 초성 힌트와 설명을 보고 해당하는 어휘를 적어 보세요.

- ㄱㅂ　　문이나 어떤 공간을 열어 자유롭게 드나들고 이용하게 함.
- ㅅㄷ　　같은 시대에 살면서 공통 의식을 가지는 비슷한 연령층의 사람들.
- ㅇㅍ　　많은 사람들이 열광적으로 따라가는 현상이나 트렌드.
- ㄱㄱ　　오래된 궁궐.

생각 쑥쑥 기사를 읽고 다음 질문에 답해 보세요.

① MZ 세대가 궁궐에 열광하는 이유는 무엇인가요?

② 궁궐에 간다면 어떤 체험을 하고 싶나요?

KTX-청룡 열차 출발!

> **미리보기사전**
>
> **KTX-청룡**
>
> 국토부가 2007년부터 2015년까지 고속철도 연구개발을 통해 국내 기술로 개발한 고속 열차예요. 설계와 제작까지 100% 국내 기술로 만들었어요.

부산과 서울을 단 2시간 17분 만에 주파하는 KTX-청룡이 처음 등장했어요. 국내에서 가장 빠르고 편리한 열차로 주목받고 있어요.

KTX-청룡의 탄생

지난 5월 1일 부산역에서 새로운 고속열차 KTX-청룡이 운행을 시작했어요. 이 열차는 국내에서 가장 빠른 고속열차로 최고 시속 352km, 영업 속도 시속 320km를 자랑해요. KTX-청룡 덕분에 서울에서 부산까지 단 2시간 17분 만에 갈 수 있고, 용산에서 광주 송정까지는 1시간 36분 만에 갈 수 있어요. 기존의 KTX보다 18~24분이 단축된 거예요. KTX-청룡은 순간 가속력이 뛰어나 정지 상태에서 시속 300km까지 도달하는 데 단 3분 32초밖에 걸리지 않는다고 해요.

편의 시설이 가득한 최첨단 열차

KTX-청룡은 속도뿐만 아니라 승객의 편의성도 크게 개선했어요. 기존 KTX 열차보다 복도가 더 넓고 좌석 간격도 20mm 더 넓어요. 좌석 수도 KTX-산천 열차보다 136석 증가한 총 515석이에요. 좌석마다 휴대전화 무선충전장치가 설치되어 있고, 객실 창문도 개별 창 구조로 되어 있어 블라인드를 나누어 쓰지 않아도 돼요. KTX-청룡은 동력분산식 열차로, 모든 객실이 칸이 동력 칸으로 구성되어 있어 가속과 감속이 빨라요. 덕분에 소음과 진동은 적고, 승차감이 매우 좋아요. KTX-청룡은 경부선 4회, 호남선 2회 등 하루 6회 운행을 시작으로, 2027년부터 17회 편성을 도입해 전국적으로 운행을 확대할 계획이라고 해요.

OX 퀴즈 기사를 읽고 설명이 맞으면 O, 틀리면 X 표시를 해 보세요.

- KTX-청룡은 100% 국내 기술로 설계 및 제작한 고속 열차에요. (   )
- KTX-청룡은 느리지만 편의 시설이 많아요. (   )

낱말 고르기 기사를 읽고 다음 괄호 안에 들어갈 알맞은 말을 골라 보세요.

KTX-청룡은 동력분산식 열차로, 모든 객실 칸이 (동력 칸   ,   수동식   )으로 구성되어 있어 가속과 감속이 빨라요. 덕분에 (소음   ,   소란   )과 진동이 적고, 승차감이 매우 좋답니다.

어휘 익히기 다음 초성 힌트와 설명을 보고 해당하는 어휘를 적어 보세요.

- ㄱㅅ   매우 빠른 속도.
- ㅈㅍ   쉬지 않고 끝까지 달림.
- ㄷㅊ   시간이나 거리가 짧게 줄어듦.
- ㅈㄷ   흔들려 움직임.

생각 쑥쑥 기사를 읽고 다음 질문에 답해 보세요.

① KTX-청룡의 개선된 편의 시설을 얘기해 보세요.

② KTX-청룡을 타고 어디에 가고 싶나요?

멍 때리기 대회에 참가해요

> **미리보기 사전**
>
> **한강 축제**
> 서울의 한강변에서 열리는 큰 축제예요. 매년 여름 열리며, 많은 사람들이 한강으로 나와 즐거운 시간을 보내도록 다양한 프로그램을 준비해요.

서울 한강에서 스트레스를 해소하기 위해 특별한 대회가 열려요. 바로 '멍 때리기 대회'인데요. 아무것도 하지 않고 멍한 상태를 유지하는 것이 목적이에요.

한강에서 120개의 축제가 열려요

5월부터 12월까지 서울 한강공원에서 120개의 축제가 열릴 예정이에요. 축제의 주제는 '상상 그 이상의 즐거움'으로 문화·여가·레저 등을 아우르는 다양한 행사가 진행돼요. 최근에는 '멍 때리기'와 '잠 퍼자기' 같은 이색 대회도 열렸는데요. 멍 때리기 대회는 2014년부터 시작된 대회로, 참가자들은 90분 동안 아무 말도 하지 않고 멍한 상태를 유지해야 해요. 이 대회는 사람들이 일과 학업에서 벗어나 휴식을 취하도록 돕는 것이 목적이에요. 가장 안정적인 심박수를 보인 사람이 우승자로 뽑히죠. 올해로 10년째를 맞는 이 대회에는 스피드스케이팅 올림픽 메달리스트인 곽윤기 선수, 유명 유튜버, 초등학생 등 약 100명이 참가했어요.

멍 때리기 행사에 관심 집중!

올해 대회에서는 프리랜서 아나운서인 권소아 씨가 우승을 차지했어요. 권소아 씨는 "경쟁이 치열한 우리나라에서, 사람들은 아무것도 하지 않으면 뒤처진다고 생각한다."며 "모든 사람이 자신만의 속도를 가져야 하고, 때로는 줄일 필요도 있다고 본다."고 우승 소감을 밝혔어요. 이 대회는 중국 베이징, 네덜란드 로테르담, 일본 도쿄 등 다양한 국가로 퍼져 국제적인 행사로 자리 잡고 있어요.

OX 퀴즈 기사를 읽고 설명이 맞으면 O, 틀리면 X 표시를 해 보세요.

- 한강 축제들은 '즐거움'이라는 주제를 가지고 열려요. (   )
- 멍 때리기 대회는 한국에서만 열려요. (   )

낱말 고르기 기사를 읽고 다음 괄호 안에 들어갈 알맞은 말을 골라 보세요.

멍 때리기 대회 참가자들은 90분 동안 아무 말도 하지 않고, 멍한 (상태   ,   조심성   )를 유지해야 해요.

어휘 익히기 다음 초성 힌트와 설명을 보고 해당하는 어휘를 적어 보세요.

- ㅊㅈ   축하하여 벌이는 큰 규모의 행사.
- ㅎㅅ   어려운 일이나 문제가 되는 것을 해결해 없앰.
- ㅅㅂㅅ   심장이 뛰는 횟수.
- ㅊㅇ   기세나 세력 등이 불같이 맹렬함.

생각 쑥쑥 기사를 읽고 다음 질문에 답해 보세요.

① 멍 때리기 대회는 어떤 나라들로 퍼져 나갔나요?

② 한강 축제 중 가장 참여하고 싶은 대회와 이유는 무엇인가요?

파주에 뜬 평화곤돌라

> **미리보기사전**
>
> **DMZ(Demilitarized Zone)**
> 남북한의 평화를 유지하기 위해 만들어진 곳으로, 군인들도 들어갈 수 없고 무기도 반입도 안 돼요. 비무장지대라 불려요.

파주임진각평화곤돌라는 2020년 3월 첫 운행 이후 많은 사람들이 찾는 인기 관광지예요. 이곳은 DMZ를 공중에서 볼 수 있어 특별한 경험을 제공해요.

DMZ는 위험한 곳이 아니에요

DMZ는 1953년 6·25 전쟁이 끝난 후 남한과 북한 사이에 만들어진 곳이에요. 위험한 지역으로 인식되고 있지만, 자연환경이 잘 보존되어 다양한 동식물의 서식지이기도 하지요. 경기도는 DMZ의 특수성을 활용해 관광지로 만들 계획을 세웠어요. 2028년까지 DMZ에 총 304억 원을 투입해 인간과 자연이 어우러진 평화와 생태의 공간으로 만들려는 거예요. 이를 위해 고양, 김포, 파주, 포천, 연천군 등 7개 시·군과 협력하고, 많은 사람들이 찾도록 홍보하고 있답니다.

DMZ로 여행을 떠나요

2020년 3월 경기도는 파주 임진각 DMZ에 평화곤돌라를 운행하기 시작했어요. 평화곤돌라는 민간인 출입통제구역을 공중에서 볼 수 있는 국내 최초의 케이블카 시설이에요. 운행 3년 10개월 만에 160만 명이 탑승했고, 지금은 DMZ의 대표적인 관광 상품이 되었죠. 다른 관광 명소로는 도라산 전망대와 평화누리길이 있어요. 평화누리길은 DMZ를 따라 동서를 잇는 도보 여행길로, 스페인의 산티아고 순례길처럼 세계적인 명소로 발돋움하기 위해 많은 노력을 기울이고 있어요. 경기도는 DMZ 관광을 활성화하기 위해 중앙 정부와 협력하며, 다양한 체류형 관광 콘텐츠도 개발 중이에요.

OX 퀴즈 기사를 읽고 설명이 맞으면 O, 틀리면 X 표시를 해 보세요.

- DMZ는 서울에 있어요. (   )
- 평화 곤돌라를 타면 평소에는 들어가지 못하는 곳을 볼 수 있어요. (   )

낱말 고르기 기사를 읽고 다음 괄호 안에 들어갈 알맞은 말을 골라 보세요.

DMZ는 1953년 (6·25 전쟁   ,   러-우 전쟁   )이 끝난 후 남한과 북한 사이에 만들어진 곳이에요. 그동안 위험한 지역으로 인식되어 왔죠.

어휘 익히기 다음 초성 힌트와 설명을 보고 해당하는 어휘를 적어 보세요.

- ㄱㅈ   하늘과 땅 사이 빈 곳.
- ㅁㄱㅇ   군인이 아닌 일반 사람.
- ㅇㅎ   정해진 길을 따라 운전하여 다님.
- ㄷㅂ   탈것을 타지 않고 걸어감.

생각 쑥쑥 기사를 읽고 다음 질문에 답해 보세요.

① DMZ는 다른 말로 무엇이라고 부르나요?

_____

_____

② 파주임진각평화곤돌라에서 어떤 경험을 해 보고 싶나요?

_____

_____

춤에도 저작권이 있어요

> **미리보기 사전**
> **안무 저작권**
> 춤 동작이나 퍼포먼스를 창작한 사람에게 주어지는 법적인 권리를 말해요.

최근 K팝 업계에서 안무 저작권 문제가 뜨거운 이슈로 떠오르고 있어요.

안무에는 저작권이 없다고?

댄스 기업 원밀리언의 유튜브 채널은 2,630만 명의 구독자를 보유하고 있어요. 구독자 수로 보면 월 1억 원이 넘는 수익이 발생해야 하지만, 실제 유튜브 수익은 예상보다 훨씬 적다고 해요. 그 이유는 안무에 대한 저작권이 인정되지 않기 때문이에요. 대부분의 수익이 음악 저작권자에게 돌아가 안무가들은 정당한 보상을 받지 못하는 실정이죠. K팝의 인기를 끌어올린 요소 중 하나가 화려한 안무와 퍼포먼스인데, 안무가들은 저작권을 인정받지 못한다니 억울할 따름이에요. 이를 해결하기 위해 K팝 안무가와 산업계, 법조계 인사들이 힘을 모아 한국안무저작권협회를 창설했어요.

해외에선 2초짜리 영상도 권리를 보호해요

유튜브와 틱톡 같은 영상 플랫폼이 인기를 끌면서 전 세계 사람들이 K팝 안무를 따라 하는 영상이 많아졌어요. 이로 인해 해외에서도 안무 저작권 문제가 대두되고 있어요. 해외에서 2초짜리 짧은 안무도 유사성을 인정할 수 있다고 판단하면서, 법적으로 안무 저작권이 보호될 가능성이 높아졌어요. 음악 저작권이 1990년대 노래방 문화의 확산을 기점으로 작곡가에게 정당한 수익이 돌아가기 시작했던 것처럼 앞으로 안무가들이 더 보호를 받고 제대로 수익을 얻을 수 있는 시스템이 마련되기를 기대해요.

OX 퀴즈 기사를 읽고 설명이 맞으면 O, 틀리면 X 표시를 해 보세요.

- 유튜브와 틱톡 같은 영상 플랫폼에서는 안무 저작권 문제가 중요하지 않아요. (   )
- 해외에서는 2초짜리 짧은 안무도 저작권을 보호받을 수 있어요. (   )

낱말 고르기 기사를 읽고 다음 괄호 안에 들어갈 알맞은 말을 골라 보세요.

K팝 인기를 끌어올린 중요한 요소 중 하나는 화려한 안무와 퍼포먼스예요. 그런데 안무가들은 (저작권   ,   투표권   )을 인정받지 못하고 있어요.

어휘 익히기 다음 초성 힌트와 설명을 보고 해당하는 어휘를 적어 보세요.

- ㅍㅍㅁㅅ   신체를 활용한 예술 행위.
- ㅇㅁ   음악에 맞춰 춤을 추는 일.
- ㅂㅅ   어떤 것에 대한 대가로 갚음.
- ㄷㄷ   어떤 현상이 새롭게 나타남.

생각 쑥쑥 기사를 읽고 다음 질문에 답해 보세요.

① 안무 저작권이 무엇인가요?

_____

_____

② 내가 만든 안무를 친구가 도용한다면 어떤 기분이 들까요?

_____

_____

색깔 유도선 탄생의 비밀

> **정부혁신 유공 시상식**   *미리보기 사전*
>
> 정부혁신을 적극 추진하고 국민이 체감하는 성과를 창출한 유공자와 기관에게 수여하는 상이에요.

고속도로 출구에 색깔 유도선을 도입하자는 아이디어를 낸 한국도로공사 직원이 도입 13년 만에 국민훈장 모란장을 받았어요.

색깔 유도선이 뭐예요?

고속도로 분기점을 나갈 때 바닥을 보면 다른 색으로 칠한 선을 볼 수 있어요. 이 선을 '색깔 유도선'이라고 해요. 운전자가 길을 찾기 쉽게 했죠. 색깔 유도선은 13년 전, 한국도로공사에 다니던 윤석덕 차장의 제안으로 탄생했어요. 당시 운전자들이 고속도로 분기점에서 길을 헷갈려 멈칫할 때 사고가 자주 나자, 윤 차장은 바닥에 목적지별로 다른 색깔을 칠해놓으면 도움이 되겠다고 생각했어요. 2011년 서해안 고속도로 안산 분기점에 색깔 유도선을 처음 적용한 이후, 사고 발생률이 40% 정도 줄었다고 해요. 지금은 고속도로 900여 곳뿐만 아니라 도심 곳곳에서도 이 유도선을 볼 수 있어요.

스케치북에서 아이디어를 얻었어요

2010년 윤석덕 차장은 안산 분기점의 잦은 사고에 대해 고민하던 중 초등학생 딸이 스케치북에 그림 그리는 모습을 보고 '도로에 그림을 그리면 되겠다'고 아이디어를 떠올렸대요. 당시 도로교통법상 도로에는 하양·노랑·주황·빨강·파란색만 칠할 수 있었지만 색깔 유도선이 사고 방지에 효과적이란 사실이 증명되며 분홍색과 초록색도 추가되었어요. 이 아이디어는 운전자들 사이에서 좋은 반응을 얻었고, 13년이 지난 5월 정부혁신 유공 시상식에서 국민훈장을 받았답니다.

OX 퀴즈 기사를 읽고 설명이 맞으면 O, 틀리면 X 표시를 해 보세요.

- 고속도로 출구에는 도형 유도선이 있어요. (   )
- 색깔 유도선은 스케치북에 그려진 그림에서 떠올린 아이디어예요. (   )

낱말 고르기 기사를 읽고 다음 괄호 안에 들어갈 알맞은 말을 골라 보세요.

당시 도로교통법상 (도로   ,   표지판   )에는 하양·노랑·주황·빨강·파란색만 칠할 수 있었어요. 유도선이 사고 (방지   ,   유지   ) 효과가 뛰어나다는 것이 증명되면서 분홍색과 초록색이 추가되었어요.

어휘 익히기 다음 초성 힌트와 설명을 보고 해당하는 어휘를 적어 보세요.

- ㅇㄱㅈ   나라나 사회에 특별한 공로를 세운 사람.
- ㅂㄴㅈ   길이 여러 갈래로 갈라지기 시작하는 곳.
- ㅅㄱ   뜻밖에 일어난 불행한 일.
- ㅂㅈ   어떤 일이나 현상이 일어나지 못하게 막음.

생각 쑥쑥 기사를 읽고 다음 질문에 답해 보세요.

① 색깔 유도선 아이디어는 어디서 비롯됐나요?

② 운전자가 운전 중 길을 헷갈리지 않도록 캠페인 표어를 만들어요.

기발한 자기소개서를 아나요?

> **미리 보기 사전**
>
> **자기소개서**
> 자기 자신에 대해 설명하는 문서예요.

요즘 청년들은 영상으로 자기소개를 하는 '영자'(영상 자기소개서)를 많이 사용하고 있어요. 구체적으로 영자는 어떻게 만들까요?

영자로 나를 알리는 시대

요즘 청년들은 자신을 소개하는 방법으로 짧은 영상인 영자를 많이 활용해요. 한 방송사에서는 올해 처음 '영자 콘테스트'를 열기도 했어요. 틱톡, 유튜브, 인스타그램 같은 인기 플랫폼에서 짧은 영상, 즉 '숏폼'을 사용해 자신을 표현하는 걸 많이 봤을 거예요. 방송사는 이러한 현상이 이어지자 청년들이 자신을 자유롭게 표현하는 대회를 개최했다고 해요. 청년들은 100초짜리 영상을 통해 저마다의 개성을 뽐냈고, 기업들은 이를 통해 창의적이고 개성 넘치는 아이디어를 확인할 수 있었어요. 몇몇 기업은 영자에서 좋은 성과를 낸 청년들에게 인턴 기회 제공과 인사 담당자 멘토링 혜택 등을 고려하고 있다고 해요.

우승자는 1996년생 함석춘 씨

이번 영자 콘테스트에서는 독창성, 작품성, 창의성을 사전 심사해 10명의 수상자를 뽑았어요. 10대 부문에서는 4명이, 20·30대 부문에서는 6명이 최종 본선에 올랐죠. 각자의 끼를 발산한 10명은 관객의 문자 투표로 최종 순위가 결정되었고, 1등인 대상은 1996년생 함석춘 씨가 차지해 상금 500만 원을 받았어요.

OX 퀴즈 기사를 읽고 설명이 맞으면 O, 틀리면 X 표시를 해 보세요.

- 영자는 주로 긴 영상을 사용하는 것이 특징이에요. (   )
- 영자 콘테스트를 통해 창의적이고 개성 넘치는 아이디어를 엿볼 수 있어요. (   )

낱말 고르기 기사를 읽고 다음 괄호 안에 들어갈 알맞은 말을 골라 보세요.

요즘 청년들은 틱톡, 유튜브, 인스타그램 같은 플랫폼에서 (짧은 , 긴) 영상인 '숏폼'을 많이 사용해요. 그래서 방송국은 이런 형식을 도입해 청년들이 (자신 , 타인)을 자유롭게 표현할 수 있도록 대회를 열었어요.

어휘 익히기 다음 초성 힌트와 설명을 보고 해당하는 어휘를 적어 보세요.

- ㄱㅅ   다른 사람과 구별되는 자신의 특징이나 성격.
- ㅁㅌㄹ   경험이 많은 사람이 경험이 적은 사람에게 조언과 도움을 주는 활동.
- ㄷㅊㅅ   새로운 것을 만들어내는 성향이나 성질.
- ㅅㅍ   보통 1분 이내의 짧은 비디오나 글, 이미지.

생각 쑥쑥 기사를 읽고 다음 질문에 답해 보세요.

① 영자란 무엇인가요?

② 나만의 100초짜리 영자를 만들어 보세요.

115

전교생에게 장학금 선물을!

> **미리보기 사전**
> **장학금**
> 주로 성적은 우수한데, 형편이 어려운 학생들에게 주는 돈을 말해요.

부산 남구에 있는 부산공업고등학교 장학재단은 전교생에게 장학금을 100만 원씩 지급했어요. 미국의 억만장자 기업가도 다트머스대 졸업식에서 학생들에게 1,000달러씩 선물했죠. 무슨 일일까요?

후배 사랑으로 모인 선배의 마음

부산공업고등학교 선배들은 전교생 620명에게 각각 100만 원의 장학금을 주기 위해 십시일반으로 돈을 모았어요. 적게는 10만 원부터 많게는 1억 원까지 기부해서 총 20억 원 규모의 장학금을 마련했지요. 장학금은 지난 5월 3일 부산공고 100주년 행사 때 학교 측에 전달되었어요. 선배들이 후배들에게 큰 장학금을 준 까닭은 후배에 대한 사랑과 학교에 대한 자부심 때문이에요. 선배들의 기부금은 장학금뿐만 아니라 학교의 체육 특기자 지원이나 관현악단 지원 등 모교 발전을 위해 사용될 예정이에요.

나눔, 배려, 기부하는 삶

미국의 억만장자 기업가 로버트 헤일도 최근 메사추세츠주에 있는 다트머스대 졸업생 1,000명에게 각각 1,000달러(약 136만 원)씩을 선물했어요. 헤일은 미국에서 통신업체를 창업하고 미국프로농구(NBA) 보스턴 셀틱스의 지분을 가진 부자예요. 그는 졸업식 연설에서 "실패해도 괜찮은 게 인생이다."라고 말하면서 1,000달러를 봉투 두 장에 500달러씩 나누어 졸업생들에게 전했어요. "500달러는 본인이 갖고, 500달러는 기부하라."고 당부하면서 말이죠. 그는 지금과 같은 힘든 시기에는 나눔, 배려, 기부의 필요성이 더 크다면서 앞으로도 다른 대학 졸업식에서 기부를 이어갈 계획이라고 밝혔답니다.

OX 퀴즈 기사를 읽고 설명이 맞으면 O, 틀리면 X 표시를 해 보세요.

- 부산공업고등학교 선배들은 후배들에게 각각 100만 원의 장학금을 주었어요. (   )
- 로버트 헤일은 졸업생들에게 1,000달러를 다 갖게 했어요. (   )

낱말 고르기 기사를 읽고 다음 괄호 안에 들어갈 알맞은 말을 골라 보세요.

선배들이 장학금을 준 까닭은 (후배   ,   선생님   )에 대한 사랑과 학교에 대한 (자격지심   ,   자부심   ) 때문이에요.

어휘 익히기 다음 초성 힌트와 설명을 보고 해당하는 어휘를 적어 보세요.

- ㅈㄱ   돈이나 물품 등을 내줌.
- ㅁㄱ   자기가 졸업한 학교.
- ㅈㅂㅅ   자신이 한 일이나 자신이 속한 단체에 대해 스스로 자랑스럽게 여기는 마음.
- ㄷㅂ   단단히 부탁함.

생각 쑥쑥 기사를 읽고 다음 질문에 답해 보세요.

① 헤일은 학생들에게 1,000달러를 주면서 어떻게 하라고 했나요?

_____

_____

② 만약 여러분이 장학금을 받는다면 어떻게 사용하고 싶나요?

_____

_____

운전면허 반납하면 혜택을 드려요

> **미리보기 사전**
>
> **인센티브(Incentive)**
> 사람들에게 동기 부여를 주는 보상이나 혜택을 말해요. 일을 잘한 사람에게 주는 보너스와 같죠.

어버이날을 맞아 열린 봄꽃 축제에서 충청남도 홍성경찰서가 '고령자 운전면허증 자진 반납'을 독려하는 캠페인을 벌였어요.

고령자의 운전면허증 반납, 왜 필요할까?

고령의 운전자가 사고를 내는 경우가 늘고 있어요. 고령자 기준은 65세나 70세 이상으로, 이번 행사에서 70세 이상 고령자 6명이 운전면허증을 자진 반납했어요. 홍성군은 운전면허증을 자진 반납한 사람에게 홍성사랑상품권 10만 원을 주었어요. 서울시도 70세 이상 운전자에게 10만 원 교통권을, 경기도는 65세 이상 운전자에게 10만 원 상당의 지역화폐를 제공해요. 강원도 춘천, 횡성, 경기 파주 등은 30만 원의 혜택을 제공하고요. 인센티브를 통해 고령자들이 자발적으로 운전면허증을 반납하도록 유도한 거예요.

운전면허 강제 회수, 옳은 방법일까?

우리나라는 75세 이상의 운전면허 갱신 주기를 3년으로 단축하고, 면허를 갱신할 때 인지능력 검사와 교통안전 교육을 의무적으로 받게 해요. 하지만 2022년 기준으로 65세 이상 운전자의 면허 반납 비율은 2.6%에 불과했어요. 유럽연합(EU)은 고령자의 교통사고를 줄이기 위해 시력 테스트와 건강진단서 제출을 포함한 '70세 이상 운전면허 갱신 주기'를 도입하려 해요. 한편에서는 고령자의 운전면허를 강제로 회수해야 한다는 주장에 대해 고령자 운전을 제재하는 것은 이동권을 침해할 수 있다며 우려를 표했어요.

OX 퀴즈 기사를 읽고 설명이 맞으면 O, 틀리면 X 표시를 해 보세요.

- 홍성군은 고령자가 운전면허증을 반납하면 홍성사랑상품권 20만 원을 제공해요. (   )
- 고령자의 운전면허를 강제로 회수해야 한다는 주장도 있어요. (   )

낱말 고르기 기사를 읽고 다음 괄호 안에 들어갈 알맞은 말을 골라 보세요.

(초보 , 고령) 운전자가 사고를 내는 경우가 늘고 있어요. 그래서 65세나 70세 이상인 고령자들이 운전면허증을 (자진 , 강제) 반납하도록 캠페인을 벌이기도 한답니다.

어휘 익히기 다음 초성 힌트와 설명을 보고 해당하는 어휘를 적어 보세요.

- ㄱㄹ   썩 많은 나이. 또는 그런 나이가 된 사람.
- ㅈㅂㅈ   자기 스스로 행하는 것.
- ㅂㄴ   도로 돌려줌.
- ㄱㅅ   기존의 것을 새롭게 바꾸거나 연장함.

생각 쑥쑥 기사를 읽고 다음 질문에 답해 보세요.

① 경기도는 고령 운전자가 운전면허증을 자진 반납하면 어떤 혜택을 주나요?

② 고령자의 운전면허증 강제 회수를 찬성하나요? 반대하나요? 그 이유는 무엇인가요?

매운 라면, 얼마나 매울까?

> **미리보기사전**
>
> **스코빌 지수(Scoville scale)**
> 매운맛의 정도를 숫자로 나타낸 단위에요. 미국의 윌버 스코빌이 고안한 것으로, 숫자가 높을수록 더 매워요.

요즘 라면 시장에서 매운맛이 대세지요? 그런데 매운 정도는 어떻게 측정할까요? 스코빌 지수가 같다고 똑같이 매울까요?

매운맛 라면 열풍

불닭볶음면이 나온 지 벌써 10년이 되었어요. 현재까지도 각종 매운맛 라면의 출시가 잇따르고 있죠. 농심 '신라면 더 레드'와 '3배 매운 배홍동쫄쫄면 챌린지 에디션', 팔도 '킹뚜껑 마라맛' 등 독특한 이름이 눈길을 끌어요. 라면을 고를 때 포장지를 살펴보면 '640SHU'이나 '3400SHU' 같은 숫자를 볼 수 있어요. 이 숫자는 스코빌 지수로, 라면이 얼마나 매운지 알려주는 지표예요. 삼양식품의 불닭볶음면은 스코빌 지수가 4,404SHU이고, 신라면 더 레드는 7,500SHU예요. 숫자가 높을수록 맵다는 의미이니 신라면 더 레드가 훨씬 더 맵겠죠?

스코빌 지수가 낮은데 왜 더 맵지?

예전에는 매운맛을 측정하기 위해 설탕물을 사용했어요. 매운맛이 느껴지지 않을 때까지 설탕물을 넣어 희석한 후, 설탕의 양으로 매운 정도를 측정했죠. 지금은 캡사이신의 양을 측정해서 스코빌 지수를 계산해요. 캡사이신이 많으면 스코빌 지수가 높고, 더 매운맛을 내요. 하지만 스코빌 지수가 언제나 정확한 것은 아니에요. 양파, 마늘, 겨자, 고추냉이 같은 매운맛을 내는 다른 성분들도 있기 때문이에요. 이 성분들은 스코빌 지수로 측정되지 않기 때문에 스코빌 지수가 낮아도 맵게 느껴지는 라면이 있는 거랍니다.

OX 퀴즈 기사를 읽고 설명이 맞으면 O, 틀리면 X 표시를 해 보세요.

- 과거에는 스코빌 지수를 측정하기 위해 소금물을 이용했어요. (   )
- 매운맛을 내는 성분 때문에 스코빌 지수가 낮아도 맵게 느껴질 수 있어요. (   )

낱말 고르기 기사를 읽고 다음 괄호 안에 들어갈 알맞은 말을 골라 보세요.

매운맛을 내는 성분인 캡사이신의 (양   ,   질   )을 측정해서 스코빌 지수를 계산해요. 캡사이신이 많으면 스코빌 지수가 높아지고, 더 매운맛이 나요.

어휘 익히기 다음 초성 힌트와 설명을 보고 해당하는 어휘를 적어 보세요.

- ㅊ ㅈ   일정한 양을 기준으로 크기를 잼.
- ㅎ ㅅ   농도를 묽게 함.
- ㅈ ㅅ   어떤 양을 수치로 나타냄.
- ㅅ ㅂ   물질을 이루는 각각의 요소.

생각 쑥쑥 기사를 읽고 다음 질문에 답해 보세요.

① 불닭볶음면과 신라면 더 레드 중 어느 라면이 더 매운가요?

② 매운맛 라면 외에 좋아하는 매운맛 음식이 있나요?

공무원 하고 싶지 않은 이유

> **미리보기사전**
>
> **공무원**
> 정부에서 일하는 사람들을 말해요. 소방관, 선생님, 우체국 직원 등 나라와 지역사회의 여러 일을 담당해요.

Z세대(1990년대 중후반~2010년 초반에 태어난 세대) 취준생 10명 중 8명은 공무원 준비에 관심이 없는 것으로 나타났어요. 요즘 공무원이 되고 싶어 하는 사람이 줄어든다는데, 왜 그럴까요?

월급이 너무 적어

Z세대 중 많은 이들이 공무원이 되기 싫어하는 이유는 월급이 적어서래요. 실제로 한 조사에 따르면 Z세대 취준생 1,547명 중 78%가 공무원이  되고 싶지 않다고 대답했어요. 그중 47%는 월급이 적어서 싫다고 답했죠. Z세대가 생각하는 이상적인 공무원 연봉은 5,000만 원 정도인데, 실제 공무원 연봉은 그보다 훨씬 적어서 실망감을 느낀 거예요. 그래서 Z세대는 높은 월급을 주는 대기업이나 중견기업에서 일하고 싶어 해요. 안정적인 직장보다는 빠른 보상을 받을 수 있는 직장을 선호하는 거예요.

재미없고 답답하게 느껴져

이번 설문조사를 통해 Z세대는 하고 싶은 일과 즐거운 직장 분위기도 중요시 여긴다는 점이 나타났어요. 응답자의 15%가 공무원은 하고 싶은 일이 아니어서, 9.4%는 직장 분위기가 수직적이라서, 9%는 매일 똑같은 일을 반복하는 것이 지루하다고 답했어요. Z세대 대부분은 자신이 좋아하는 일을 하기를 바라고 일과 삶의 균형을 중요하게 생각해요. 자유롭고, 다양한 경험을 할 수 있는 직업을 선호하는 경향이 강하죠. 일본도 비슷한 문제를 겪고 있어요. 일본은 공무원의 월급을 크게 올리고 주 4일제 도입을 검토하는 등 대안을 만들고 있어요.

OX 퀴즈 기사를 읽고 설명이 맞으면 O, 틀리면 X 표시를 해 보세요.

- Z세대가 공무원을 싫어하는 이유 중 하나는 낮은 월급이에요. (   )
- 공무원 기피 현상을 줄이기 위해서는 수직적인 분위기를 만들어야 해요. (   )

낱말 고르기 기사를 읽고 다음 괄호 안에 들어갈 알맞은 말을 골라 보세요.

Z세대는 자신이 좋아하는 일을 하면서 일과 삶의 (균형   ,   불균형   )을 중요하게 생각해요. 직장의 (분위기   ,   냄새   )가 자유롭고, 다양한 경험을 할 수 있는 직업을 선호해요.

어휘 익히기 다음 초성 힌트와 설명을 보고 해당하는 어휘를 적어 보세요.

- ㅇ ㅅ ㅈ   생각 속에서 가장 완전하다고 여겨지는.

- ㅈ ㅈ   사람들이 일정한 직업을 가지고 일하는 곳.

- ㅊ ㅈ ㅅ   취업을 준비하는 학생.

- ㅅ ㅎ   더 좋아하고 우선적으로 선택하는 것.

생각 쏙쏙 기사를 읽고 다음 질문에 답해 보세요.

① Z세대가 생각하는 이상적인 공무원 연봉은 얼마인가요?

② 공무원 기피 문제를 해결하기 위해 어떤 방법을 검토해야 할까요?

4일 일하고 3일 쉬어요

> **미리 보기 사전**
>
> **유연근무제**
> 직원이 근무 시간 내에 자신의 출퇴근 시간과 근무 시간, 장소 등을 자유롭게 선택하는 제도예요.

싱가포르는 유연근무제를 확대하며 주 4일제 근무에 한 걸음 다가섰어요. 우리나라도 유연근무제를 도입한다는데, 사실일까요?

싱가포르는 왜 유연근무제를 선택했을까?

4월 19일 싱가포르 인력부에서 유연근무제 가이드라인을 발표했어요. 이전에는 일부 기업만 자율적으로 유연근무제를 실시했지만, 12월부터는 모든 기업에서 직원이 유연근무를 신청하면 고용주는 반드시 이를 검토해야 해요. 싱가포르 정부는 경직된 노동시장, 저출생으로 인한 젊은 노동인구 감소 및 노동인구의 고령화, 노인돌봄 인력 증가를 이유로 유연근무제 정책을 확대한다고 밝혔어요. 특히 싱가포르 여성 26만 명이 일을 하지 못하는 이유 중 하나가 간병이라고 해요. 유연근무제 확대로 노동 환경을 개선하면 나이 많은 직장인, 노인을 돌봐야 하는 사람도 무리 없이 일할 수 있을 거예요. 싱가포르 국민들은 유연근무제 확대가 주 4일제로 향하는 발판이 될 것이라고 기대하며 정책을 환영하고 있어요.

우리나라는 어떨까?

우리나라에서도 주 4일제를 준비하는 기업이 있어요. 철강 회사인 포스코는 격주로 주 4일제를 시작했어요. 주 40시간의 근로 시간을 채우면 1주 차에는 주 5일을 근무하고, 2주 차에는 주 4일만 근무하는 거예요. 삼성전자와 SK그룹에서도 월 1회에서 2회 정도 금요일에 일을 쉬는 제도를 시행해요. 아직은 일부 기업에서만 실시하고 있지만 우리나라도 싱가포르처럼 저출생, 고령화가 심각한 만큼 더 많은 기업에서 주 4일제를 위한 유연근무제를 적극 검토하고 있어요.

OX 퀴즈 기사를 읽고 설명이 맞으면 O, 틀리면 X 표시를 해 보세요.

- 모든 한국 기업에서 주 4일제를 시행해요. (   )
- 싱가포르에는 노인을 간병하느라 일을 하지 못하는 여성들이 많아요. (   )

낱말 고르기 기사를 읽고 다음 괄호 안에 들어갈 알맞은 말을 골라 보세요.

싱가포르의 일부 기업만 자율적으로 (유연근무제 , 격일근무제)를 실시했지만, 12월부터는 모든 기업에서 직원이 유연근무를 신청하면 고용주는 반드시 이를 (검토 , 실행) 해야 해요.

어휘 익히기 다음 초성 힌트와 설명을 보고 해당하는 어휘를 적어 보세요.

- ㄱㅌ   어떤 일이나 문제에 대해 자세히 살펴보고 따져봄.
- ㄱㅈ   사고 방식, 분위기 등이 부드럽지 못함.
- ㄱㅂ   앓는 사람이나 다친 사람의 곁에서 돌보고 시중드는 일.
- ㄱㅈ   일주일씩 거름.

생각 쑥쑥 기사를 읽고 다음 질문에 답해 보세요.

① 싱가포르가 유연근무제를 도입한 이유는 무엇인가요?

_____

_____

② 우리나라에 주 4일제가 완전 도입되면 어떤 일이 벌어질 것 같나요?

_____

_____

얘들아, 학교에서 운동하자!

미리보기사전

예체능
'예능'과 '체육'을 이르는 말이에요. 대표적인 예체능 과목에는 음악·미술·체육이 있어요.

현재는 초등학교 1, 2학년 때 체육·음악·미술을 한 과목으로 통합하여 배우는데, 앞으로는 체육 과목을 분리하여 1, 2학년 때부터 단독으로 체육 교과를 배운다고 해요. 반가운 소식인가요?

초등학생 운동량 세계 꼴찌

조사에 따르면 지난 몇 년간 초등학생의 비만과 과체중 비율이 크게 증가했어요. 코로나19로 학교에 못 가고 집에 머무는 시간이 많아지면서 운동 기회가 줄었기 때문이에요. 서울시교육청은 2021년도 서울시 초등학생의 비만율이 약 20%로, 2017년에 비해 두 배 이상 늘었다고 발표했어요. 2022년 학생 건강검사·청소년 건강행태 조사에서는 과체중 및 비만 학생의 비율이 30.5%로 2019년보다 5%가량 높아졌죠. 세계보건기구(WHO) 보고서에서도 한국 청소년의 운동량이 세계 최하위권으로 나타났어요. 이에 따라 교육부는 초등학교 저학년의 체육 수업을 부활시키기로 했어요.

30년 만에 부활한 초등 체육 수업

현재 초등학교 1, 2학년은 체육·음악·미술을 통합해서 '즐거운 생활'로 예체능을 배워요. 하지만 이제 1, 2학년부터 체육을 별도 과목으로 분리해 가르친대요. 1989년 이후, 약 30년 만에 체육 교과를 다시 분리하는 거예요. 교육부는 학생들이 신체활동에 더 많은 시간을 할애할 것으로 기대하는 동시에 스포츠 강사의 도움을 받아 보다 전문적인 체육 교육을 선보일 계획이라고 해요. 앞으로 초등학교뿐만 아니라 중학교에서도 체육 수업 시간을 늘릴 예정이라니, 더 많은 학생들이 체육 활동을 즐길 수 있을 거예요.

OX 퀴즈 기사를 읽고 설명이 맞으면 O, 틀리면 X 표시를 해 보세요.

- 한국 청소년의 운동량은 세계 최고 수준이에요. (   )
- 코로나19로 인해 초등학생의 비만율이 증가했어요. (   )

낱말 고르기 기사를 읽고 다음 괄호 안에 들어갈 알맞은 말을 골라 보세요.

코로나19로 인해 (학교   ,   집   )에 가지 못하고 집에 머무는 시간이 많아지면서 (운동   ,   공부   )할 기회가 줄었어요.

어휘 익히기 다음 초성 힌트와 설명을 보고 해당하는 어휘를 적어 보세요.

- ㄱㄱ   학교에서 가르쳐야 할 내용을 짜 놓은 일정한 분야.
- ㅂㅁ   살이 쪄서 몸이 뚱뚱함.
- ㅂㅎ   쇠퇴하거나 폐지된 것이 다시 살아남.
- ㅂㄹ   서로 나뉘어 떨어짐.

생각 쏙쏙 기사를 읽고 다음 질문에 답해 보세요.

① 체육 교과가 분리되는 것은 1989년 이후 약 몇 년 만인가요?

② 체육 시간에 어떤 활동을 하고 싶나요?

멀티 레이블 시스템의 명과 암

> **미리보기 사전**
>
> **멀티 레이블 시스템**(Multi-lable System)
> 한 회사가 여러 개의 레이블(작은 회사나 부서)을 운영하며 다양한 아티스트나 아이돌 그룹을 동시에 관리하는 방식이에요.

요즘 K팝 아이돌이 멀티 레이블 시스템으로 활동하는 덕분에 대중들은 더 많은 아이돌과 다양한 음악을 만날 수 있게 되었어요. 그런데 최근 이 시스템을 두고 여러 이야기가 흘러 나와요.

멀티 레이블 시스템이란?

하이브(HYBE)라는 큰 회사가 방탄소년단(BTS)의 소속 기획사인 '빅히트', 뉴진스의 소속 기획사인 '어도어' 등 여러 레이블을 운영하고 있어요. 이렇게 하면 한 그룹이 활동을 쉴 때 다른 그룹이 활동을 이어갈 수 있고, 팬들은 항상 새로운 음악과 무대를 즐길 수 있죠. JYP엔터테인먼트와 SM엔터테인먼트도 멀티 레이블 시스템을 도입해서 아이돌 그룹을 관리하고 있어요. 이 시스템 덕분에 아이돌 그룹은 더 다양한 음악과 스타일을 시도할 수 있고, 회사는 안정적인 수익을 얻을 수 있어요.

K팝의 미래를 위한 도전과 해결책

최근 하이브와 어도어 사이에 갈등이 불거지면서 멀티 레이블의 경쟁과 협력 문제가 수면 위로 드러났어요. 어도어의 대표는 새로운 그룹 아일릿이 뉴진스를 모방했다고 주장했어요. 이런 갈등은 각 레이블의 창작 권한을 보장하지 않으면 발생할 수 있어요. 미국에서도 유니버설 뮤직 그룹, 소니 뮤직, 워너 뮤직 같은 거대한 엔터테인먼트 기업들이 멀티 레이블을 운영하며 아티스트를 관리해요. 이들은 각각의 레이블이 독립적으로 자리 잡으면서도 회사의 일부로 기능해요. K팝 산업에서도 레이블의 자율성과 창의성을 보장하고, 멀티 레이블 시스템의 장점을 최대한 활용하는 것이 중요해요.

OX 퀴즈 기사를 읽고 설명이 맞으면 O, 틀리면 X 표시를 해 보세요.

- 멀티 레이블 시스템은 각 레이블이 독립적으로 운영하는 것이에요. (   )
- 미국의 유니버설 뮤직 그룹과 소니 뮤직은 멀티 레이블 시스템을 거부해요. (   )

낱말 고르기 기사를 읽고 다음 괄호 안에 들어갈 알맞은 말을 골라 보세요.

각 레이블의 자율성과 창의성을 보장해 멀티 레이블 시스템의 (　장점　,　단점　)을 최대한 활용하는 것이 중요해요.

어휘 익히기 다음 초성 힌트와 설명을 보고 해당하는 어휘를 적어 보세요.

- ㅊㅈ　　새로운 작품이나 아이디어를 만들어 냄.
- ㅇㅌㅅㅌ　　예술가, 특히 음악, 미술, 연극 등 예술 분야에서 활동하는 사람.
- ㅁㅂ　　다른 것을 본뜨거나 본받음.
- ㅂㅈ　　어떤 일이 어려움 없이 이루어지도록 조건을 마련해 보호함.

생각 쑥쑥 기사를 읽고 다음 질문에 답해 보세요.

① 어도어 레이블에는 어떤 그룹이 속해 있나요?

② 멀티 레이블 시스템에 대해 어떻게 생각하나요?

이제 약도 배송될까요?

> **미리보기사전**
> **비대면 진료**
> 환자가 병원에 방문하지 않고, 전화나 인터넷을 통해 의사와 상담하고 치료받는 의료 서비스예요. 집에서 전화로 의사에게 증상을 설명하고 처방받을 수 있어요.

비대면 진료와 약 배송 시범사업이 1년 동안 진행된 후, 많은 의사와 약사들이 약 배송 규제를 풀어야 한다고 주장해요. 왜일까요?

의사와 약사들의 마음이 변했어요

원격의료산업협의회가 조사한 결과에 따르면, 비대면 진료에 참여한 의사 중 69.9%가 이를 긍정적으로 평가했어요. 약사의 64.6%도 비대면 진료를 긍정적으로 바라보았고, 약 배송을 경험한 약사는 57.8%가 약 배송 규제를 풀어야 한다고 답했어요. 이는 약사들이 약 배송의 편리함과 효용성을 직접 체감했기 때문이에요. 현재 직접 약국에서 약을 받는 규제는 많은 불편을 초래해요. 한 의사는 "비대면 진료를 받고 약국에 가서 약을 타라는 건 인터넷 뱅킹으로 송금하고 돈을 은행에 가서 찾으라는 것과 같다."고 말하며 오류를 지적했어요.

환자들도 약 배송을 원해요

환자들도 약 배송에 대해 매우 긍정적인 반응을 보였어요. 약 배송을 경험한 환자의 83.7%가 만족했으며, 92.7%는 약 배송이 허용되면 비대면 진료를 더 자주 이용할 것이라고 답했죠. 그러나 조사에 참여한 의사의 80.5%, 약사의 78.9%는 정부와 국회가 비대면 진료에 참여하는 의료인의 의견을 충분히 반영하지 않는다고 답했어요. 비대면 진료는 팬데믹과 의료대란 등 특수 상황에서 한시적으로 운영했어요. 보편적 의료 서비스로 자리 잡으려면 법적 근거와 제도화가 필수적이에요. 어느 약사는 "배송업체를 관리해 배송 오류를 줄이고, 오남용이 우려되는 의약품은 장기 처방할 수 없게 하면 된다."고 설명하면서 제도 개선을 요구했어요.

OX 퀴즈 기사를 읽고 설명이 맞으면 O, 틀리면 X 표시를 해 보세요.

- 환자들만 약 배송에 만족했다고 답했어요. (   )
- 조사에 참여한 의사는 정부가 현장의 의견을 반영하지 않는다고 답했어요. (   )

낱말 고르기 기사를 읽고 다음 괄호 안에 들어갈 알맞은 말을 골라 보세요.

한 의사는 "비대면 진료를 받고 약국에 가서 (약   ,   돈   )을 타라는 건 인터넷 뱅킹으로 송금하고 돈을 (은행   ,   병원   )에 가서 찾으라는 것과 같다."라고 말했어요.

어휘 익히기 다음 초성 힌트와 설명을 보고 해당하는 어휘를 적어 보세요.

- ㄱㅈ   규칙이나 규정에 의해 한도를 넘지 못하게 막음.
- ㅎㅇㅅ   어떤 것이 실제로 얼마나 쓸모 있고 유용한지를 나타내는 성질.
- ㅊㄹ   어떤 결과를 가져오게 함.
- ㅎㅇ   어떤 것을 하도록 허락함.

생각 쑥쑥 기사를 읽고 다음 질문에 답해 보세요.

① 환자가 병원에 가지 않고 진료 받는 것을 무엇이라고 하나요?

② 약을 배송 받으면 어떤 점이 좋을까요?

지방에서 의대생 더 뽑는다

> **미리 보기 사전**
>
> **지역인재전형**
> 특정 지역에서 중학교와 고등학교에 다닌 학생을 대상으로 한 입시 전형이에요.

내년 의대 입시에서 강원, 호남, 충청 지역이 가장 유리하다고 해요. 의사를 꿈꾸는 학생들이 지방 유학을 서두를지 몰라요!

의대 입시에 유리한 지역이 따로 있어

교육부가 발표한 2025학년도 의과대학 입학 정원에 따르면 비수도권 지역의 의대 정원이 크게 늘었어요. 특히 지역인재전형이 두 배 가까이 늘면서 강원, 호남, 충청 지역이 입시에 유리하게 됐어요. 입시학원 조사에 따르면 강원 지역의 고3 학생 100명 중 약 1.3명이 지역인재전형으로 의대에 갈 수 있다고 해요. 호남과 충청 지역도 마찬가지예요. 정부가 이렇게 비수도권 의대의 입학 기회를 늘리려는 이유는 지방 학생들에게 더 많은 기회를 주기 위해서예요.

지방 유학으로 인구 인재 분산 효과

의대 입시를 위한 지방 유학이 현실화 되면 인구와 인재가 고르게 퍼지는 효과를 기대할 수 있어요. 수도권의 과밀 문제를 해결하는 데 도움이 될 뿐만 아니라 지방 경제에도 긍정적인 영향을 미칠 거라는 전망이에요. 지방에서 교육받은 학생들이 그 지역에서 일하면 지역 사회의 발전과 균형 잡힌 성장에 기여할 수 있기 때문이에요. 지방 유학은 학생들에게 다양한 지역 문화를 경험할 기회를 주어서, 그들의 인성과 사회적 능력을 키우는 데도 도움이 될 거예요. 다만, 지역 의료 강화가 지역인재전형만으로 해결될 문제는 아니라는 우려의 목소리도 있어요.

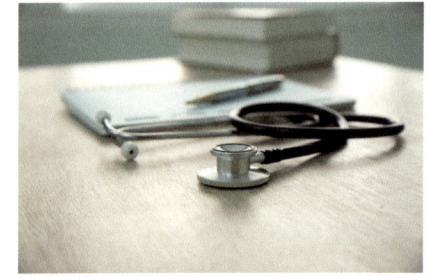

OX 퀴즈 기사를 읽고 설명이 맞으면 O, 틀리면 X 표시를 해 보세요.

- 2025학년도 의과대학 입학 정원은 수도권 지역이 크게 늘어났어요. (   )
- 지방 유학은 인구와 인재 분산에 도움이 돼요. (   )

낱말 고르기 기사를 읽고 다음 괄호 안에 들어갈 알맞은 말을 골라 보세요.

지방에서 교육 받은 학생들이 그 지역에서 일하면 지역 사회의 발전과 (균형 , 불균형) 잡힌 성장에 기여할 수 있고, 다양한 지역 문화를 경험할 기회를 주어 (인성 , 키)과 사회적 능력을 키우는 데도 도움이 될 거예요.

어휘 익히기 다음 초성 힌트와 설명을 보고 해당하는 어휘를 적어 보세요.

- ㅇㅅ   학생들이 대학이나 다른 교육기관에 들어가기 위해 치르는 시험.
- ㅂㅅ   한 곳에 몰려 있던 것을 여러 곳으로 흩어지게 함.
- ㅇㅎ   고향이 아닌 곳에서 공부함.
- ㅇㅈ   특별한 능력이나 재능을 가진 사람.

생각 쑥쑥 기사를 읽고 다음 질문에 답해 보세요.

① 지방 유학생이 늘어나면 어떤 좋은 점이 있나요?

_____

_____

② 의대 진학을 위한 지방 유학생이 늘어나서 생기는 문제점은 없을까요?

_____

_____

주유소가 드론 자동차 착륙장으로

> **미리보기 사전**
>
> **버티포트(Vertiport)**
> 드론 자동차가 착륙하고 충전할 수 있는 장소를 말해요. 드론 자동차의 정류장 같은 곳이에요.

드론 자동차 시대가 성큼 다가왔어요. 앞으로 평범한 주유소가 드론 자동차의 착륙장으로 변신할지 몰라요.

드론 자동차가 상용화되면 착륙은 어디에?

드론 자동차가 많아지면 충전은 어디서 할까요? 접근하기 쉬운 곳에 드론 자동차가 착륙하고 충전할 장소가 많이 필요할 거예요. LG유플러스는 전국에 있는 GS칼텍스 주유소를 드론 자동차 착륙장(버티포트)으로 활용하기로 했어요. 주유소는 도심 곳곳에 있어서 드론 자동차가 착륙하고 충전하기에 용이하기 때문이에요. 주유소가 드론 자동차 정류장으로 변신하면 사람들이 더욱 편리하게 드론 자동차를 이용할 수 있을 거예요.

일반 주유소가 버티포트로 변신

LG유플러스는 GS건설, 카카오모빌리티와 함께 전국의 여러 주유소를 버티포트로 바꾸기로 했어요. 서울교통공사와 협력해서 인프라 구축도 계획했어요. 사람들이 드론 자동차를 타고 쉽게 이동하며, 근방에서 바로 지하철로 갈아탈 수 있도록 편리함을 더할 예정이라고 해요. 부산시와 경남 진주시는 관광과 응급환자 이송 목적으로 드론 자동차를 활용하기로 했어요. 드론 자동차 안에서는 여행지 정보와 숙박 정보를 안내하는 서비스도 제공할 계획이에요. 초기에는 조종사가 드론 자동차를 운전하지만, 추후에는 자율비행도 가능하겠죠? 새로운 교통 혁명을 통해 앞으로 우리의 일상이 어떻게 변할지 기대해 봐요.

OX 퀴즈 기사를 읽고 설명이 맞으면 O, 틀리면 X 표시를 해 보세요.

- 버티포트는 도시 내에서 비행하는 교통 시스템을 뜻해요. (   )
- 조종사가 드론 자동차를 운전하는 것을 자율비행이라고 해요. (   )

낱말 고르기 기사를 읽고 다음 괄호 안에 들어갈 알맞은 말을 골라 보세요.

앞으로 기존 주유소 자리가 (　드론　,　헬기　) 자동차가 착륙하고 충전할 수 있는 (　버티포트　,　행사장　)로 바뀔 것이라고 해요.

어휘 익히기 다음 초성 힌트와 설명을 보고 해당하는 어휘를 적어 보세요.

- ㅊㄹ   비행기가 땅에 내려옴.
- ㄷㅅ   도시의 중심부.
- ㅅㅂ   여행할 때 잠을 자고 머무는 것.
- ㅎㅁ   큰 변화가 일어남.

생각 쑥쑥 기사를 읽고 다음 질문에 답해 보세요.

① 드론 자동차가 착륙하고 충전할 수 있는 곳은 어디인가요?

② 드론 자동차가 생기다면 어떤 점이 좋을까요?

이동식 다리의 마법

미리보기사전

아스트라 브리지(ASTRA Bridge)
스위스에서 개발한 이동식 다리예요. 도로 공사 중 교통체증을 해결하는 역할을 해요.

스위스에서 공사 중에도 차가 막히지 않게 돕는 특별한 다리를 개발했어요.

도로 공사 중에도 차가 막히지 않아

스위스에서 도로 공사 중 교통체증을 막기 위해 '아스트라 브리지'라는 이동식 다리를 개발했어요. 이 다리는 도로 위에 지붕처럼 씌워서 공사 현장을 덮는 역할을 해요. 이렇게 하면 차들은 아스트라 브리지 위를 지나가고, 다리 아래에서 공사를 계속할 수 있어요. 아스트라 브리지는 16대의 대형 트럭이 각 부품을 운반해서 14명으로 구성된 팀이 하루 만에 조립해 설치할 수 있어요. 길이 257m, 폭 8m, 높이 5m로 대부분의 도로에서 사용할 수 있을 만큼 크고 튼튼하죠. 승용차와 대형 화물차도 통행할 수 있지만, 안전을 위해 최고 주행속도는 시속 60km로 제한해요.

작업자들에게 안전한 환경 제공

아스트라 브리지가 설치되면 공사 현장 위에 5m 높이의 지붕이 생기는 덕분에 작업자들은 햇빛이나 비를 피하면서 안전하게 일할 수 있어요. 공사 현장 옆으로 차량이 지나다닐 일이 없기에 교통사고의 위험도 줄고요. 아스트라 브리지는 유압 장치를 이용해 몸통을 10cm 들어 올려 앞이나 뒤로 이동할 수 있어요. 다리 아래에 대형 바퀴가 달려 있어 길게 이어진 공사 구간에서도 다리를 해체하지 않고 계속 사용할 수 있답니다. 스위스 도로청은 올해까지 아스트라 브리지를 시험 운영한 뒤 더 많은 도로에서 이 다리를 사용할 계획이라고 해요.

OX 퀴즈 기사를 읽고 설명이 맞으면 O, 틀리면 X 표시를 해 보세요.

- 아스트라 브리지는 스위스에서 개발된 이동식 다리예요. (   )
- 아스트라 브리지는 약 100m 길이예요. (   )

낱말 고르기 기사를 읽고 다음 괄호 안에 들어갈 알맞은 말을 골라 보세요.

이 다리가 설치되면 공사 현장 위에 5m 높이의 (지붕 , 바닥) 이 생기는 덕분에 작업자들은 햇빛이나 (비 , 동물)를 피하면서 안전하게 일할 수 있어요.

어휘 익히기 다음 초성 힌트와 설명을 보고 해당하는 어휘를 적어 보세요.

- ㅈㄹ   여러 부품을 모아 하나의 완성품으로 만듦.
- ㅌㅎ   길이나 도로를 지나 다님.
- ㅈㅎㅅㄷ   자동차나 다른 탈것이 일정한 거리를 달리는 속도.
- ㅎㅊ   여러 부분으로 이루어진 것을 각각의 부분으로 나눔.

생각 쑥쑥 기사를 읽고 다음 질문에 답해 보세요.

① 아스트라 브리지 위에서 차들은 시속 몇 km로 달려야 하나요?

② 아스트라 브리지에 단점은 없을까요?

무인열차, 왜 자꾸 멈추나요?

> **미리보기사전**
>
> **무인열차**
> 사람이 직접 운전하지 않고, 컴퓨터 시스템과 센서만으로 자동 운행하는 열차를 말해요.

지난 2월 서울 경전철 신림선 열차가 바쁜 퇴근 시간대에 36분 동안이나 멈춰선 일이 있었어요. 이번이 처음이 아니라는데, 무슨 일일까요?

아슬아슬한 무인열차

서울 경전철은 운전사 없이 운행하는 무인열차예요. 어느 날 신림선의 무인 시스템에 문제가 생겨서 36분 동안 열차가 멈추는 일이 발생했죠. 결국 시스템을 다시 시작한 뒤에야 출발할 수 있었어요. 무인열차에 문제가 생긴 건 이번이 처음이 아니에요. 경전철 신림선은 한국형 무선통신기반 열차제어시스템을 처음으로 적용한 노선이에요. 그런데 2022년 개통 이후 한 달도 안 되어 1시간 동안 문이 안 열리는 사고가 있기도 했어요. 국토교통부에 따르면 우리나라에서 무인으로 움직이는 10개의 노선에서 지난 10년간 151번의 문제가 발생했대요.

무인열차가 멈추는 이유는?

무인열차는 통신망이 불안정하면 멈출 수 있어요. 열차는 중앙관제시스템과 0.5초 간격으로 서로 정보를 주고받는데, 통신에 문제가 생기면 정보를 전달할 수 없어 열차가 자동으로 멈추는 거예요. 또 열차 출입문 때문에 일시 정지 문제가 발생할 수 있어요. 일반 열차는 기관사가 모니터로 승객을 보고 문을 여닫지만, 무인열차는 컴퓨터에 입력된 시간만큼 문을 열었다가 닫도록 자동 설정돼 있어요. 그러다 보니 이용객이 많은 출퇴근 시간에 사람이 문에 끼이는 사고가 자주 일어나요. 이러한 이유로 무인열차가 자주 운행을 멈춘답니다.

OX 퀴즈 기사를 읽고 설명이 맞으면 O, 틀리면 X 표시를 해 보세요.

- 무인열차의 시스템에는 문제가 발생하지 않아요. (   )
- 일반 열차는 기관사가 출입문의 열고 닫음을 통제해요. (   )

낱말 고르기 기사를 읽고 다음 괄호 안에 들어갈 알맞은 말을 골라 보세요.

무인열차에서 문제가 생긴 건 이번이 처음이 아니에요. 국토교통부에 따르면 우리나라에서 (무인   ,   유인   )으로 움직이는 10개의 (노선   ,   도로   )에서 지난 10년간 151번의 문제가 있었대요.

어휘 익히기 다음 초성 힌트와 설명을 보고 해당하는 어휘를 적어 보세요.

- ㅁㅇ   사람이 없음.
- ㄴㅅ   교통수단이 일정한 경로를 따라 다니는 길.
- ㄱㅌ   새로운 길이나 교통수단을 처음으로 열고 이용할 수 있게 함.
- ㅅㄱ   교통수단을 이용하는 사람.

생각 쑥쑥 기사를 읽고 다음 질문에 답해 보세요.

① 무엇이 불안정하면 무인열차가 멈추나요?

② 무인열차의 장단점은 무엇일까요?

초등학생 키, 10년 만에 쑥쑥!

미리보기 사전

성장속도
아이들이 키가 얼마나 빨리 자라는지 알 수 있는 지표예요.

우리나라 초등학생의 키가 10년 사이 훌쩍 자랐어요. 평균적으로 남자아이는 4.3cm, 여자아이는 2.8cm나 키가 컸다고 해요. 키가 커진 이유는 무엇일까요?

초등학생 키가 이만큼 커졌어요

지난해 4월부터 12월까지 1,000여 명의 어린이와 청소년을 대상으로 성장 조사가 이뤄졌어요. 3차원(3D) 스캐너를 사용해 키·몸무게·다리 길이·팔 길이·허리 둘레 등 총 314개 항목을 측정했는데요. 우리나라 남자 초등학생의 평균 키가 139.2cm로 10년 전보다 4.3cm나 커졌고, 여자 초등학생도 137.1cm로 2.8cm 커졌다고 해요. 중학생과 고등학생의 키도 각각 남자는 7.4cm, 2.2cm, 여자는 3.3cm, 1.9cm 더 커졌고요.

성장 속도가 점점 빨라져요

예전에는 남자아이들이 16세쯤 되면 키 성장이 멈췄지만, 지금은 14세 무렵에 키 성장이 거의 끝난다고 해요. 여자아이들도 15세에서 13세로 키 성장이 멈추는 시기가 빨라졌어요. 아이들의 성장 속도가 빨라진 이유는 여러 가지가 있어요. 영양 상태가 좋아지고, 성장 환경이 좋아진 것도 주요한 이유 중 하나예요. 이번 조사를 통해 얻은 데이터는 앞으로 아이들을 위한 제품, 공간, 서비스 디자인에 활용될 예정이에요. 아이들에게 딱 맞는 의자나 책상을 만들 때도 이번 결과가 반영되겠죠? 또 헬스케어 서비스나 디지털 신원 인식 등의 분야에도 활용될 수 있어요.

OX 퀴즈 기사를 읽고 설명이 맞으면 O, 틀리면 X 표시를 해 보세요.

- 여자 초등학생의 키는 10년 전보다 4.3cm 커졌어요. (   )
- 이번 조사는 3차원(3D) 스캐너를 사용해 314개 항목을 측정했어요. (   )

낱말 고르기 기사를 읽고 다음 괄호 안에 들어갈 알맞은 말을 골라 보세요.

아이들의 성장 속도가 빨라진 이유는 여러 가지가 있어요. (영양   ,   외모   ) 상태가 좋아지고 (성장 환경   ,   입시 환경   )이 좋아진 것도 주요한 이유 중 하나예요.

어휘 익히기 다음 초성 힌트와 설명을 보고 해당하는 어휘를 적어 보세요.

- ㅅㅈ   사람 등이 자라서 점점 커짐.
- ㅇㅇ ㅅㅌ   몸에 필요한 영양소를 얼마나 잘 섭취하고 있는지 나타내는 상태.
- ㄷㅇㅌ   관찰이나 조사로 얻은 정보.
- ㅅㅇ   사람의 신분과 관련된 정보, 즉 그 사람이 누구인지 확인할 수 있는 정보.

생각 쑥쑥 기사를 읽고 다음 질문에 답해 보세요.

① 남자아이들은 몇 세쯤 키 성장이 멈춘다고 조사됐나요?

② 여러분은 키가 더 크기 위해 어떤 것을 해 봤나요?

아빠 출산 휴가가 20일로 늘어났어요

> **미리 보기 사전**
> **할당제**
> 어떤 자원이나 권리를 특정 인구나 성별, 지역 등에 따라 일정 비율로 배분하는 제도를 말해요.

우리나라의 저출생 문제가 심각해요. 이를 해결하기 위해 정부는 어떤 준비를 하고 있을까요?

출산 휴가와 육아휴직을 늘리다

정부는 육아휴직 급여를 월 150만 원에서 170만 원으로 인상하기로 했어요. 배우자 출산 휴가도 기존 10일에서 20일로 늘려 아빠들이 엄마와 신생아를 더 잘 돌보도록 했어요. 육아휴직 기간은 최대 1년 6개월로 늘리고, 육아휴직 급여 소득대체율도 50%까지 올릴 예정이라고 해요. 이외에도 유연근무제를 권장해 부모가 아이를 돌보면서 일할 수 있도록 하고, 주거비 지원과 보육 시설도 확충할 계획이라고 해요. 이러한 정책들은 부모가 출산과 육아에 대한 부담을 덜고, 경제적으로 안정된 환경에서 아이를 키울 수 있게 도울 거예요.

아빠 할당제로 출산율을 높인 나라

스웨덴은 출산율을 높이기 위해 아빠 할당제를 도입했어요. 이 제도로 부모가 자녀 한 명당 최대 480일의 육아휴직을 사용할 수 있는데, 이 중 90일은 반드시 아빠가 사용해야 해요. 그래서 많은 아빠들이 적극적으로 육아에 참여하지요. 스웨덴에서는 보모를 고용하면 인건비의 50%를 세금 감면하는 정책도 있어요. 스웨덴은 정부가 앞장서서 일과 가정이 양립하는 환경을 만든 덕분에 출산율을 1.98명까지 올릴 수 있었답니다.

OX 퀴즈 기사를 읽고 설명이 맞으면 O, 틀리면 X 표시를 해 보세요.

- 우리나라는 육아휴직 기간에 급여를 제공하지 않아요. (   )
- 스웨덴에서는 아빠가 육아휴직을 꼭 써야 해요. (   )

낱말 고르기 기사를 읽고 다음 괄호 안에 들어갈 알맞은 말을 골라 보세요.

이러한 정책들은 부모가 (출산   ,   결혼   )과 (채식   ,   육아   )에 대한 부담을 덜고, 경제적으로 안정된 환경에서 아이를 키울 수 있도록 도울 거예요.

어휘 익히기 다음 초성 힌트와 설명을 보고 해당하는 어휘를 적어 보세요.

- ㅊㅅㅎㄱ   아기가 태어날 때 부모가 일을 쉬고 아기를 돌볼 수 있도록 주어지는 휴가.
- ㅂㅇㅈ   결혼한 사람의 남편이나 아내.
- ㅂㅇ   어린 아이를 돌보아 기름.
- ㅇㄹ   두 가지가 동시에 성립함.

생각 쑥쑥 기사를 읽고 다음 질문에 답해 보세요.

① 우리나라의 아빠 출산 휴가가 며칠로 늘었나요?

② 스웨덴 외에 또 우수한 정책으로 출산율을 높인 나라를 찾아보세요.

퓨전 한복, 어느 나라 옷이에요?

미리 보기 사전

퓨전 한복(Fusion 한복)
전통 한복 디자인을 바탕으로 현대적인 요소를 더해 만든 옷을 말해요. 소재나 무늬, 장식을 추가해 더 화려하고 개성 있게 디자인을 바꾸었어요.

경복궁을 방문하면 알록달록한 퓨전 한복을 입은 사람들을 많이 볼 수 있어요. 그런데 퓨전 한복이 전통 한복의 멋을 해친다는 이야기도 있어요.

퓨전 한복의 인기

요즘 경복궁 주변에는 다양한 색깔과 화려한 디자인의 한복을 입은 사람들이 많이 보여요. 머리에는 다른 나라의 전통 장신구를 더하기도 해요. 인도네시아에서 온 디안 씨는 이슬람 전통 히잡 위에 한국 전통 장신구를 더해 멋진 퓨전 한복을 완성했어요. K팝과 K드라마의 영향으로 한국을 찾는 외국인들이 많아지면서 퓨전 한복의 인기도 덩달아 높아졌어요. 하지만 일부 사람들은 퓨전 한복이 전통 한복의 멋을 해친다고 걱정해요. 국가유산청에서는 전통 한복의 가치를 알리고자 퓨전 한복을 단속하겠다고 밝히기도 했어요.

퓨전 한복을 바로잡아야 할까요?

퓨전 한복을 바라보는 시선은 여러 가지예요. 전통을 지켜야 한다는 사람들은 한복이 우리 문화를 대표하므로 전통적인 형태와 재료를 지켜야 한다고 말해요. 반면 시대에 맞추어 한복도 변화해야 한다는 의견도 있어요. 전문가들은 전통을 지키면서도 개인의 선택을 존중해야 한복 문화가 발전할 수 있다고 이야기해요. 김경미 한복문화연구소 대표는 "기본적인 원칙을 지키면서도 패션 문화를 발전시켜야 한다."고 조언했어요.

OX 퀴즈 기사를 읽고 설명이 맞으면 O, 틀리면 X 표시를 해 보세요.

- 경복궁을 방문하면 퓨전 한복을 입은 사람들을 볼 수 있어요. (   )
- 퓨전 한복은 전통 한복의 형태와 재료를 그대로 유지한 옷이에요. (   )

낱말 고르기 기사를 읽고 다음 괄호 안에 들어갈 알맞은 말을 골라 보세요.

K팝과 K드라마의 영향으로 한국을 찾는 외국인들이 많아지면서 (퓨전 , 전통) 한복의 인기도 덩달아 높아졌어요. 하지만 일부 사람들은 퓨전 한복이 전통 한복의 (멋 , 맛)을 해친다고 걱정해요.

어휘 익히기 다음 초성 힌트와 설명을 보고 해당하는 어휘를 적어 보세요.

- ㄱㅅ   다른 사람과 구별되는 자신만의 독특한 특징이나 성격.
- ㅈㅅㄱ 몸을 꾸미기 위해 착용하는 액세서리.
- ㄷㅅ   규칙이나 법규에 따라 일정한 기준을 지켜야 할 대상을 감시하거나 관리하는 일.
- ㅇㅊ   어떤 행동이나 생각에서 지켜야 할 기본적인 규칙이나 기준.

생각 쑥쑥 기사를 읽고 다음 질문에 답해 보세요.

① 국가유산청이 퓨전 한복을 단속하려는 이유는 무엇인가요?

② 퓨전 한복에 대해 어떻게 생각하나요?

디지털 교과서, 정말 필요할까요?

사설

미리 보기 사전

디지털 교과서
컴퓨터나 태블릿 같은 전자기기를 이용해 학습하는 방식의 교과서예요.

교육부는 2025년도부터 초등학교에 디지털 교과서를 도입하려고 해요. 디지털 교과서의 장단점을 살펴보고, 우리가 선택할 방향을 고민해 봐요.

왜 디지털 교과서일까?

교육부는 디지털 교과서로 맞춤형 교육을 제공할 수 있다고 강조해요. 학생은 자신의 속도에 맞춰 공부할 수 있고, 다양한 멀티미디어 자료도 활용할 수 있어요. 인공지능(AI)을 활용한 평가 시스템을 통해 개인의 학습 상태를 정확히 파악하고 피드백도 제공할 수 있죠. 또 정보통신기획평가원의 조사에 따르면 장애인, 저소득층, 농어민, 고령층 등 정보 취약 계층의 디지털 정보화 수준은 일반 국민의 76.9%였다고 해요. 지금 시대에 꼭 필요한 디지털 역량을 어릴 때부터 함양할 수 있기에 디지털 교과서의 도입이 이로울 수 있어요.

디지털 기기 사용을 제한하는 나라들

해외 여러 국가들은 학교에서 디지털 기기의 사용을 금지하고 있어요. 프랑스는 디지털 기기의 과다 사용이 어린이의 집중력과 학습 능력을 저하할 수 있다는 연구 결과에 따라, 3세 미만의 영상 시청과 13세 미만 어린이의 휴대전화 사용을 금지하는 방안을 검토 중이에요. 스웨덴은 10세 미만의 글쓰기 수업에는 태블릿 사용을 금지하고, 6세 미만의 디지털 학습을 중단했어요. 한국교육학술정보원의 연구에 따르면 디지털 기기 사용 시간이 1시간 늘 때마다 수학 점수가 3점씩 떨어진다고 해요. 디지털 기기의 사용이 학생들의 집중력과 학습 능력에 부정적인 영향을 미칠 수 있음을 보여 주는 결과예요.

보조 교재로만 활용하면 어떨까?

디지털 교과서는 교육에 많은 가능성을 열어주지만, 문제점도 충분히 고려해야해요. 디지털 교과서를 전면적으로 도입하기보다 보조 학습 도구로 활용하고, 종이 교과서와 병행하는 방식으로 학생들이 직접 쓰고, 읽고, 토론하는 시간을 보장하는 것이 중요해요. 디지털 역량을 기르면서도 손글씨를 통한 전두엽 발달을 동시에 도모하는 거예요. 또 정부와 교육부는 디지털 교과서와 종이 교과서를 조화롭게 활용하여, 학생들이 효과적으로 학습할 수 있는 방향을 제시해야 해요. 디지털 교과서를 직접 사용하게 될 여러분의 생각은 어떤가요?

OX 퀴즈 기사를 읽고 설명이 맞으면 O, 틀리면 X 표시를 해 보세요.

- 교육부는 2026년도부터 초등학교에 디지털 교과서를 도입하려고 해요. (   )

낱말 고르기 기사를 읽고 다음 괄호 안에 들어갈 알맞은 말을 골라 보세요.

디지털 교과서를 전면적으로 도입하기보다 (보조   ,   핵심   ) 학습 도구로 활용하고, (종이   ,   플라스틱   ) 교과서와 병행하는 방식이 필요해요.

생각 쏙쏙 기사를 읽고 다음 질문에 답해 보세요.

① 프랑스는 왜 디지털 기기의 사용을 제한하나요?

② 디지털 교과서를 직접 사용하게 될 학생으로서 의견을 써 보세요.

어휘 한눈에 보기

사회문화 기사에 등장한 한자어와 순우리말 어휘를 정리해 보아요. 한자처럼 보이지만 순우리말인 경우도 있고 순우리말처럼 보이는 말이 한자어인 경우도 있으니 꼼꼼하게 살펴보세요.

 사회문화 기사에서 눈여겨보면 좋을 **한자어**

궁궐
宮 집 궁
闕 대궐 궐

임금이 사는 집.

도달
到 다다를 도
達 통할 달

목적지나 수준에 다다름.

학업
學 배울 학
業 업 업

학교에서 지식을 배우기 위하여 공부하는 일.

평화
平 평평할 평
和 화목할 화

전쟁, 분쟁 등의 갈등 없이 평온함. 또는 그런 상태.

유사성
類 무리 유(류)
似 같을 사
性 성품 성

서로 비슷한 성질.

성과
成 이룰 성
果 열매 과

이루어 낸 결실.

훈장
勳 공로 훈
章 글월 장

공적을 세운 사람에게 그 공로를 기리고자 나라에서 주는 휘장.

창의성
創 비롯할 창
意 뜻 의
性 성품 성

새로운 것을 생각해 내는 특성.

강제
強 강할 강
制 억제할 제

원치 않는 일을 억지로 시킴.

월급
月 달 월
給 줄 급

한 달을 단위로 하여 지급하는 돈.

노인
老 늙을 노(로)
人 사람 인

나이가 들어 늙은 사람.

체육
體 몸 체
育 기를 육

육체의 건전한 발육을 꾀하는 교육.

대중
大 큰 대
衆 무리 중

수많은 사람의 무리.

오류
誤 그릇할 오
謬 그릇될 류(유)

그릇되어 이치에 맞지 않는 일.

과밀
過 지날 과
密 빡빡할 밀

인구나 산업 등이 한곳에 지나치게 집중되어 있음.

주유소
注 물댈 주
油 기름 유
所 바 소

자동차 등에 기름을 넣는 곳.

신생아
新 새로울 신
生 날 생
兒 아이 아

갓난아이.

교과서
敎 가르칠 교
科 과목 과
書 글 서

학교에서 교과 과정에 따라 사용하기 위해 만든 책.

사회문화 기사에서 눈여겨보면 좋을 순우리말

- 고리타분하다 — 분위기 등이 새롭지 못하고 답답하다.
- 멍하다 — 정신이 나간 것처럼 자극에 대한 반응이 없다.
- 뒤처지다 — 어떤 수준이나 대열에 들지 못하고 뒤로 처지거나 남게 되다.
- 어우러지다 — 여럿이 조화를 이루거나 섞이다.
- 발돋움하다 — 어떤 원하는 상태나 위치 등으로 나아가다.
- 억울하다 — 아무 잘못 없이 분하고 답답하다.
- 바닥 — 평평하게 넓이를 이룬 부분.
- 끼 — 연예에 대한 재능이나 소질을 이르는 말.
- 괜찮다 — 걱정이 되거나 꺼릴 것이 없다.
- 훨씬 — 정도 이상으로 차이가 나게.
- 지루하다 — 따분하고 싫증이 나다.

법률 챗봇
배양육
재생에너지
외계 행성
전자 피부

AI가 찾아준 소중한 목소리

미리보기사전

보이스 엔진(Voice Engine)
오픈AI가 특정한 사람의 목소리를 분석해 음성 복제하는 기술을 말해요.

챗GPT 개발사인 오픈AI가 목소리를 잃어버린 사람들을 돕는 인공지능(AI) '보이스 엔진'을 개발했어요. 특정 인물의 억양, 말투, 감정 등을 분석하고 음성과 합성해 복제하죠.

AI로 잃어버린 목소리를 되찾다

보이스 엔진을 탑재한 앱은 15초가량의 원본 목소리만 있으면 금세 목소리를 복제해요. 스물한 살 렉시는 뇌 수술 후, 신경이 손상되어 목소리를 잃었는데, 앱 덕분에 자신의 예전 목소리를 되찾았다고 해요. AI는 렉시의 고등학교 시절 영상을 본 후 목소리를 학습했어요. 그런 다음, 글씨를 보여 주면 렉시의 목소리로 문장을 소리 내어 읽었죠. 이제 렉시는 주문할 때도 자신의 옛 목소리로 말하고, 가족들과도 훨씬 편하게 대화해요.

목소리 무단 복제는 불법

AI 기술이 발전하면서 악용하는 일도 생겨났어요. 딸의 목소리를 흉내 낸 스팸 전화에 속아 많은 돈을 엉뚱한 계좌로 보낼 뻔한 사례도 있었지요. 이렇듯 AI 기술을 범죄에 이용하는 사람들이 생겨나자 법 제정이 필요해졌어요. 최근 중국에서는 AI로 본인 동의 없이 목소리를 복제한 일이 문제가 됐어요. 그러자 재판부는 AI로 복제한 목소리도 생각, 감정을 불러일으킬 수 있어 법적으로 보호받아야 한다고 판단했어요. AI 기술은 삶을 편리하게 하지만, 바르게 사용하지 않으면 큰 피해를 초래해요.

OX 퀴즈 기사를 읽고 설명이 맞으면 O, 틀리면 X 표시를 해 보세요.

- 보이스 엔진을 탑재한 앱은 5초가량의 원본 목소리만 있으면 복제가 가능해요. (   )
- AI로 본인 동의 없이 목소리를 복제하면 안 돼요. (   )

낱말 고르기 기사를 읽고 다음 괄호 안에 들어갈 알맞은 말을 골라 보세요.

음성 복제 앱은 렉시의 고등학교 시절 영상을 보고 목소리를 (학습   ,   복습   )해서 (글   ,   그림   )로 된 문장을 원래 목소리로 읽어주는 기술을 적용했어요.

어휘 익히기 다음 초성 힌트와 설명을 보고 해당하는 어휘를 적어 보세요.

- ㅂㅈ   본디의 것과 똑같은 것을 만듦.
- ㅁㅅㄹ   구멍에서 나는 소리.
- ㅎㅅ   둘 이상의 것을 합쳐서 하나를 이룸.
- ㅅㅅ   물체가 깨지거나 상함.

생각 쑥쑥 기사를 읽고 다음 질문에 답해 보세요.

① 보이스 엔진은 어느 정도의 원본이 있어야 목소리를 만들 수 있나요?

② 이 앱은 어떤 사람에게 가장 유용할까요?

네온샛, 임무 수행하러 우주로!

미리보기사전

군집
같은 공간, 같은 시간에 함께하는 여러 개체가 이루는 모임을 뜻해요.

지난 4월 우리나라의 첫 초소형 군집위성 네온샛 1호가 발사에 성공했어요. 안전한 대한민국을 위해 관측 임무를 수행하러 하늘 높이 치솟았지요.

초소형 군집위성이란?

군집위성 시스템이란 여러 개의 위성이 무리 지어 하나의 임무를 수행하는 걸 말해요. 초소형 군집위성은 100kg 이하의 작은 위성 여러 개가 함께 임무를 수행해요. 여러 개의 위성이 함께 임무를 수행하기에 그중 하나가 고장 나도 새 위성을 발사해 빠르게 문제를 해결할 수 있어요. 현재는 세계 여러 나라가 초소형 군집위성 개발에 박차를 가하고 있어요. 이 같은 이유로 우리나라도 네온샛 1호를 개발했어요.

네온샛 1호는 어떤 위성일까?

네온샛 1호는 전자판을 펼쳤을 때 최대 길이 1.8m, 높이 1.2m, 무게는 100kg 이하로 가벼운 편이에요. 다른 위성에 비해 몸집은 작지만 'BTS(Beginning Of The Swarm)'이라는 중요한 임무를 부여 받았어요. 앞으로 11개의 다른 위성과 군집을 만들어 2027년 군집이 완성되면, 네온샛 1호는 다른 위성보다 더 빨리, 더 넓은 지역을 관측할 수 있게 돼요. 군집위성이 수집한 한반도와 주변 해역에 대한 정보는 우리나라 안보와 재해 대응 자료로 활용될 예정이에요. 아직 네온샛 1호는 다른 나라의 초소형 군집위성보다 해상도가 낮고 통신 성능이 완벽하진 하지만, 연구를 통해 발전될 수 있을 거예요.

OX 퀴즈 기사를 읽고 설명이 맞으면 O, 틀리면 X 표시를 해 보세요.

- 네온샛 1호는 우주에서 우리나라를 관측할 거예요. (   )
- 하나의 군집에 있는 위성들은 각기 다른 임무를 수행해요. (   )

낱말 고르기 기사를 읽고 다음 괄호 안에 들어갈 알맞은 말을 골라 보세요.

네온샛 1호는 (초소형   ,   초대형   ) 군집위성으로 무게가 100kg 이하예요. 여러 위성이 함께 임무를 맡아 그중 하나가 고장 나도 새 위성을 발사해 빠르게 문제를 해결할 수 있어요.

어휘 익히기 다음 초성 힌트와 설명을 보고 해당하는 어휘를 적어 보세요.

- ㄱㅊ   눈이나 기계로 자연 현상을 관찰하여 측정함.
- ㅇㅁ   맡은 일. 또는 맡겨진 일.
- ㅁㄹ   여러 개체가 모여서 이루는 집단.
- ㅇㅂ   편안히 보전되거나 편안히 보전함.

생각 쑥쑥 기사를 읽고 다음 질문에 답해 보세요.

① 네온샛 1호를 발사한 나라는 어디인가요?

② 네온샛 1호가 수집한 자료는 어떻게 활용하나요?

플라톤의 무덤을 찾아라

> **미리 보기 사전**
> **파피루스(Papyrus)**
> 이집트 나일강 주변에서 자라는 파피루스 식물의 줄기를 얇게 잘라 여러 겹의 종이 형태로 만든 거예요.

최근 과학자들이 플라톤의 무덤 위치를 찾았어요. 과거의 유명한 철학자 플라톤이 어디에 묻혔는지 궁금하지 않나요?

화산재에서 발견된 비밀의 두루마리

1750년 고대 로마의 도시 헤르쿨라네움에서 1,800여 개의 두루마리가 발견됐어요. 이 도시는 과거에 베수비오 화산이 폭발하면서 도시 전체가 화산재에 파묻혀 자취를 감춘 곳이에요. 여기서 발견된 두루마리에 철학자 플라톤이 묻힌 곳이 적혀있었지만, 두루마리 대부분이 화산재의 열기 때문에 검게 타거나 그을려 펼치기 어려웠어요. 함부로 펼쳤다가는 산산이 부서질 위험이 있었거든요. 그래서 과학자들은 플라톤이 묻힌 장소를 알아내기 위해 두루마리를 복원할 다른 방법을 찾아야 했어요.

AI의 도움으로 비밀을 풀다

이탈리아 피사대학교 연구진은 AI를 활용해 두루마리를 연구했어요. AI는 적외선과 X선 스캐너를 사용해 두루마리를 투사했고, 스캔한 내용을 이미지로 만들어 조금씩 해석하는 과정을 거쳤어요. 두루마리가 너무 훼손되어 이 방법으로도 읽기 어려운 부분은 AI 알고리즘을 훈련시켜 종이에 있는 잉크를 감지하게 했죠. 그러자 플라톤이 묻힌 위치가 기록된 『아카데미아의 역사』라는 책 내용을 확인할 수 있었어요. 과학자들은 첨단 기술을 활용해 플라톤의 무덤이 아카데미아 학교 부지 안의 신전 근처에 묻혔다는 사실을 알아냈어요.

OX 퀴즈 기사를 읽고 설명이 맞으면 O, 틀리면 X 표시를 해 보세요.

- 헤르쿨라네움에서 발견된 두루마리는 완전히 펼칠 수 있어서 해석하기 쉬웠어요. (   )
- 헤르쿨라네움은 베수비오 화산이 폭발하면서 화산재에 파묻혔어요. (   )

낱말 고르기 기사를 읽고 다음 괄호 안에 들어갈 알맞은 말을 골라 보세요.

『아카데미아의 역사』는 (철학자   ,   경제학자   ) 플라톤이 묻힌 위치를 알 수 있는 책이에요.

어휘 익히기 다음 초성 힌트와 설명을 보고 해당하는 어휘를 적어 보세요.

- ㄷㄹㅁㄹ   가로로 길게 이어 돌돌 둥글게 만 종이.
- ㅅㅋ   그림이나 사진, 문자를 복사하듯 읽어서 이미지 파일로 저장함.
- ㅈㅇㅅ   눈에 보이지 않는 전자기파.
- ㅎㅅ   원래의 상태가 손상되거나 망가짐.

생각 쑥쑥 기사를 읽고 다음 질문에 답해 보세요.

① 플라톤은 어디에 묻혀 있나요?

② AI로 두루마리에서 확인한 책의 이름은 무엇인가요?

개기일식의 숨겨진 비밀

> **미리 보기 사전**
>
> **개기일식**
> 태양-달-지구가 순서대로 위치할 때, 지구에서 보면 달이 태양을 완전히 가려 보이는 현상을 말해요.

지난 4월 수억 명의 사람들이 동시에 하늘을 올려보았어요. 희귀하고 신비한 천문 현상인 개기일식을 직접 관찰하기 위해서예요.

개기일식으로 세계가 들썩!

개기일식은 지구의 특정한 곳에서만 아주 잠깐씩 관찰돼요. 지난 4월에는 북미 대륙에서 7년 만에 개기일식이 관찰됐어요. 4분 30초라는 짧은 시간이었지만 전보다 더 넓은 지역에서 더 오랫동안 관측되었죠. 이 개기일식을 보려 500만 명이 넘는 사람들이 몰려들면서 호텔과 항공편이 매진되었고, 지역 경제는 활기를 띠었죠. 이번 개기일식으로 미국은 60억 달러(약 8조 1천억 원)의 경제 효과를 거두었다고 분석해요.

단지 신기해서 관찰하는 건 아니에요

태양의 바깥 대기 부분을 '코로나'라고 해요. 코로나는 평소에 보이지 않다가 개기일식 때는 달이 태양을 가리기 때문에 태양 밖으로 분출되는 코로나가 선명하게 보여요. 코로나는 아주 강력한 폭발을 만들어 내는데, 이를 태양풍이라 해요. 가끔 이 폭발이 지구에 영향을 끼쳐, 통신을 방해하거나 기상 변화를 일으키기도 하죠. 전 세계의 천문학자들은 이번 개기일식 때 코로나 연구를 시도했어요. 미 항공우주국(NASA)에서는 로켓을 쏘아 올렸고, 한국천문연구원도 관측단을 파견했어요. 관측을 통해 코로나의 구조와 온도 등을 이해할 수 있을 것이라고 해요.

OX 퀴즈 기사를 읽고 설명이 맞으면 O, 틀리면 X 표시를 해 보세요.

- 올해 북미에서 발생한 개기일식은 4시간 동안 관찰됐어요. (   )
- 개기일식일 때 태양의 코로나를 관찰할 수 있어요. (   )

낱말 고르기 기사를 읽고 다음 괄호 안에 들어갈 알맞은 말을 골라 보세요.

개기일식 때 달이 태양을 가리기 때문에 태양 밖으로 분출되는 (코로나   ,   블랙홀   )를 선명하게 볼 수 있어요. 코로나는 아주 강력한 폭발을 만들어 내는데, 이를 (태양풍   ,   해풍   ) 이라 불러요.

어휘 익히기 다음 초성 힌트와 설명을 보고 해당하는 어휘를 적어 보세요.

- ㅊㅁ   우주와 천체의 온갖 현상.
- ㅅㅂ   일이나 현상 등이 이해할 수 없을 만큼 신기하고 묘함.
- ㄱㅅ   대기 중에서 일어나는 구름, 비와 같은 현상을 통틀어 이르는 말.
- ㅌㅇㅍ   태양의 코로나로부터 방출되는 전자와 이온의 바람.

생각 쑥쑥 기사를 읽고 다음 질문에 답해 보세요.

① 개기일식 때 무엇을 선명하게 볼 수 있나요?

② 개기일식으로 인해 미국 경제에 어떤 효과가 있었나요?

법률 챗봇이 무엇을 도울까요?

> **미리보기 사전**
>
> **로펌**(Law Firm)
> 변호사들이 모여서 만든 회사로, 수준 높은 법률 서비스를 제공해요.

변호사들의 일을 빠르고 쉽게 처리하는 AI 법률 챗봇이 등장했어요. 이 챗봇이 변호사 업무를 장악하게 될까요? 찬반 논쟁이 뜨거운 법률 챗봇에 대해 알아봐요.

변호사의 새로운 도우미 등장

국내 최초로 대형 법무법인에서 AI 법률 챗봇 서비스를 출시했어요. 법률과 기술을 결합한 '리걸테크'는 변호사가 필요한 정보를 빠르게 찾도록 도와요. 변호사가 자료를 요청하면 10초 안에 관련 법 조항과 최신 판결 정보를 제공해요. 변호사가 질문하면 90% 이상 정확한 답변을 내놓을 만큼 수준이 높아, 1~2년 차 변호사만큼 똑똑하다는 평가를 받는대요. 대형 로펌이 AI 개발에 열심히 나선 이유는 무엇일까요? 기존의 방식으로는 더 이상 성장하기 어렵기 때문이에요. 변호사를 늘려도 매출이 크게 증가하지 않기 때문이죠.

법률 챗봇 출시한 로펌에 징계를 내린다고?

그런데 변호사협회는 AI 법률 챗봇을 만든 로펌을 징계하려고 해요. 협회는 AI를 이용한 법률 서비스가 변호사법과 광고 규정을 어긴다고 주장해요. 하지만 법조계 안에서는 협회를 향한 비판의 목소리가 적지 않아요. 이미 AI가 법률 분야에서 중요한 역할을 하는데, 협회가 이를 받아들이지 못하고 엄격한 잣대를 들이댄다는 거예요. 인공지능 시대를 맞이해 100년 전 법을 지금에 맞게 고쳐야 한다는 이야기도 나오고 있죠. AI와 법률 서비스의 충돌이 계속된 가운데 많은 사람들이 법 개정을 요구하지만 아직 결론짓지 못한 문제가 많답니다.

OX 퀴즈 기사를 읽고 설명이 맞으면 O, 틀리면 X 표시를 해 보세요.

- AI 법률 챗봇은 10초 안에 관련 법 조항과 최신 판결 정보를 제공해요. (   )
- 많은 사람들이 법을 바꾸면 안 된다고 생각해요. (   )

낱말 고르기 기사를 읽고 다음 괄호 안에 들어갈 알맞은 말을 골라 보세요.

리컬테크 AI는 변호사들이 질문하면 (90%   ,   9%   ) 이상 정확하게 답할 수 있는 수준이에요. 그래서 (1~2년 차   ,   10년 차   ) 변호사만큼 똑똑하다고 평가받고 있답니다.

어휘 익히기 다음 초성 힌트와 설명을 보고 해당하는 어휘를 적어 보세요.

- ㅊㅂ   사람과 대화를 할 수 있는 인공지능 프로그램.
- ㅂㅁㅂㅇ   변호사법에 따라 설립된 법률 회사.
- ㅈㅇ   어떤 것을 완전히 차지하고 통제함.
- ㅊㄷ   서로 맞서서 부딪힘.

생각 쑥쑥 기사를 읽고 다음 질문에 답해 보세요.

① 대형 로펌이 AI 법률 챗봇을 개발하는 이유는 무엇인가요?

② AI 법률 챗봇에 찬성하나요, 반대하나요? 그 이유는 무엇인가요?

똑똑한 주차 로봇의 등장

> **미리보기 사전**
> **스마트 빌딩(Smart Building)**
> 첨단 기술을 활용해 건물 내부의 여러 시스템과 장비를 자동으로 제어하고 관리하는 건물이에요.

서빙 로봇에 이어 주차를 담당하는 로봇이 개발됐다고 해요. 첨단 기술을 융합한 로봇들이 우리 삶에 성큼 다가왔어요.

주차 로봇 서비스의 시작

최근 로봇이 사람을 대신해 주차하는 서비스가 개발됐어요. 운전자가 앱을 사용해 주차를 요청하면, 로봇이 차 아래로 들어가 차를 들어올린 후 빈 공간으로 옮겨 주차해요. 서울에 위치한 스마트 빌딩 '팩토리얼 성수'에서 로봇 주차 서비스가 운영될 예정으로, 주차 로봇은 주차장 바닥의 QR 코드를 인식해 주차 위치를 파악하거나, 카메라 등의 장비를 사용해 스스로 주변 환경을 인식한다고 해요. 덕분에 좁은 공간에 차를 촘촘하게 주차할 수 있어요.

똑똑한 로봇 주차, 도심 주차 문제 해결

로봇은 사람보다 훨씬 더 정밀하게 주차할 수 있어서 주차 공간을 효율적으로 사용할 수 있어요. 사람이 주차할 때는 차와 차 사이의 공간을 여유있게 띄우지만, 로봇은 차를 아주 가까이 붙여 주차할 수 있거든요. 주차 로봇은 전기차 충전과 주차장과 연계한 배송 서비스에도 활용할 계획이라고 해요. 주차 로봇은 현대차 공장에서도 활용하고 있어요. 로봇이 완성된 자동차를 적재장으로 이동하면 비용 절감 효과를 거둘 수 있답니다.

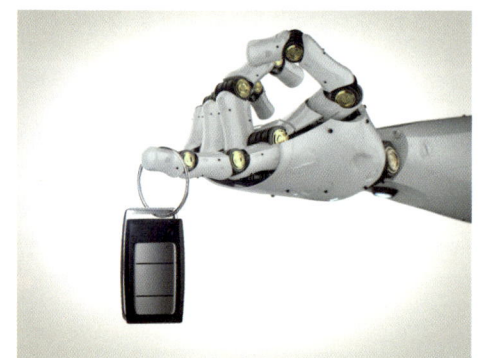

OX 퀴즈 기사를 읽고 설명이 맞으면 O, 틀리면 X 표시를 해 보세요.

- 로봇 주차 서비스는 운전자가 앱을 사용해 주차를 요청해요. (   )
- 로봇 주차 서비스는 사람이 직접 주차 공간을 찾아야 해요. (   )

낱말 고르기 기사를 읽고 다음 괄호 안에 들어갈 알맞은 말을 골라 보세요.

주차 로봇은 주차장 바닥의 (　QR　,　충전　) 코드를 인식해 주차 위치를 파악하거나, (　카메라　,　나침반　)를 사용해 스스로 주변 환경을 인식해요.

어휘 익히기 다음 초성 힌트와 설명을 보고 해당하는 어휘를 적어 보세요.

- ㅊㄷ　　학문, 유행 등의 맨 앞장.
- ㅈㅊ　　자동차를 일정한 곳에 세워 둠.
- ㅈㅁ　　매우 정확하고 세심함.
- ㅇㄱ　　서로 연결되어 함께 작동하거나 협력함.

생각 쑥쑥 기사를 읽고 다음 질문에 답해 보세요.

① 주차 로봇이 향후 어떤 서비스에 활용될 계획인가요?

② 주차 로봇 서비스가 완전히 도입되면 어떤 점이 좋을까요?

잠시 우주 교통정리가 있겠습니다

> **미리보기사전**
> **우주교통관리**(STM, Space Traffic Management)
> 로켓 발사와 우주선 이동, 인공위성과 우주 쓰레기의 움직임을 추적하고 조정해요.

영화 〈그래비티〉를 본 적 있나요? 우주비행사가 인공위성 잔해에 부딪혀 사고가 나는 장면이 나오는데, 그게 실제로도 일어날 수 있는 일이라고 해요!

우주에도 교통정리가 필요해

우주에는 작은 인공위성이 많이 떠다녀서 충돌 사고가 일어날 위험이 커요. 우주에도 교통정리가 필요한 셈이죠. 우주교통관리는 'STM'이라고 부르며, 로켓 발사와 우주선의 지구 환송, 인공위성과 우주선의 움직임, 우주 쓰레기 추적 등을 관리하는 시스템을 말해요. STM에서 저궤도 위성 관리는 중요한 부분을 차지해요. 저궤도는 앞으로도 우주 교통량이 가장 많아질 곳이거든요. 지금도 거의 1만 개의 위성이 저궤도에 떠 있어요.

우주 쓰레기를 어떻게 청소할까?

현재 많은 나라들이 우주를 깨끗하게 하려는 노력을 기울이고 있어요. 부섹이라는 회사는 다 쓴 인공위성에 특수 엔진을 붙여 우주로 보내는 기술을 개발 중이에요. 특수 엔진을 달면 적은 연료를 들여 위성을 멀리까지 보낼 수 있거든요. 시유에어로스페이스는 5년 동안 최대 180kg의 쓰레기를 모으는 플라즈마 추진기를 개발 중이에요. 스위스의 클리어스페이스는 팔이 4개 달린, 쓰레기 모으는 로봇을 개발 중이고, 일본의 아스트로스케일은 자석으로 쓰레기를 끌어당기는 기술 개발에 몰두하고 있어요.

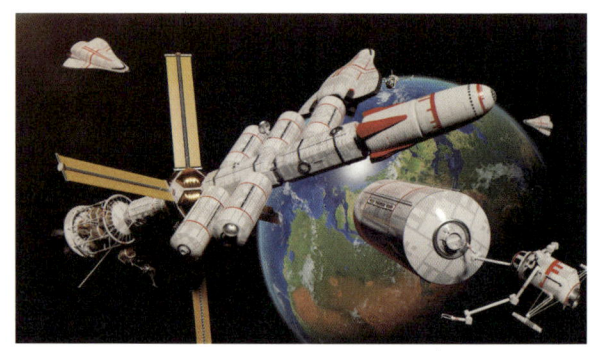

OX 퀴즈 기사를 읽고 설명이 맞으면 O, 틀리면 X 표시를 해 보세요.

- 우주교통관리는 로켓 발사와 우주선의 이동을 추적하는 기술을 포함해요. (   )
- 저궤도 위성 관리는 우주교통관리에서 중요하지 않아요. (   )

낱말 고르기 기사를 읽고 다음 괄호 안에 들어갈 알맞은 말을 골라 보세요.

(저궤도   ,   고궤도   )는 앞으로 우주 교통량이 가장 많아질 곳이에요. 지금도 1만여 개의 (위성   ,   행성   )이 저궤도에 떠 있어요.

어휘 익히기 다음 초성 힌트와 설명을 보고 해당하는 어휘를 적어 보세요.

- ㅊㅈ   위치나 움직임을 따라가며 감시하거나 기록함.
- ㅈㅎ   파괴된 물체의 남은 조각이나 파편.
- ㅎㅅ   도로 돌려보냄.
- ㅈㄱㄷ   인공위성 등이 다른 천체의 둘레를 낮게 돌면서 그리는 곡선의 길.

생각 쑥쑥 기사를 읽고 다음 질문에 답해 보세요.

① 우주교통관리(STM)가 무엇을 의미하나요?

② 우주 쓰레기 청소 기술을 개발하는 기업을 기사에서 찾아 보세요.

모래로 지구를 지키는 방법

> **미리보기사전**
>
> **재생에너지**
> 태양·바람·물·지열(지구 내부의 열) 등 자연에서 지속적으로 얻을 수 있는 에너지를 말해요.

지구 온도를 낮추려면 재생에너지를 잘 저장하는 방법이 필요해요. 최근 핀란드는 모래를 이용해 에너지를 저장하는 새로운 기술을 개발했어요.

모래 배터리가 뭐예요?

재생에너지는 지구 온난화를 막는 중요한 역할을 해요. 일정한 생성이 어려워 고도의 저장 기술이 필요하지요. 핀란드의 폴라나이트에너지는 재생에너지로 만든 전기를 모래에 열로 저장하는 방법을 개발했어요. 커다란 철제 통 안에 모래를 채운 뒤, 재생에너지로 만든 전기를 열로 바꾸어 모래에 저장한 것이죠. 그러면 '모래 배터리'는 500℃ 내외의 열을 수개월 동안 간직할 수 있어요.

모래 배터리로 에너지를 저장

모래 배터리에 저장한 열은 필요할 때 다시 꺼내어 사용할 수 있어요. 컴퓨터가 모래 배터리의 저장소에서 열의 이동을 감지하고, 얼마나 많은 열을 사용하는지 지속해서 관리하지요. 이 기술을 개발한 폴라나이트에너지는 모래 배터리를 건설하고 테스트하는 데 약 1년 정도 걸릴 것으로 예상해요. 이 기술이 성공하면 재생에너지를 효율적으로 사용할 수 있어, 지구 온난화를 막는 데 큰 도움이 될 거예요. 앞으로 모래 배터리가 널리 사용되어 지구를 보호할 수 있기를 기대해요.

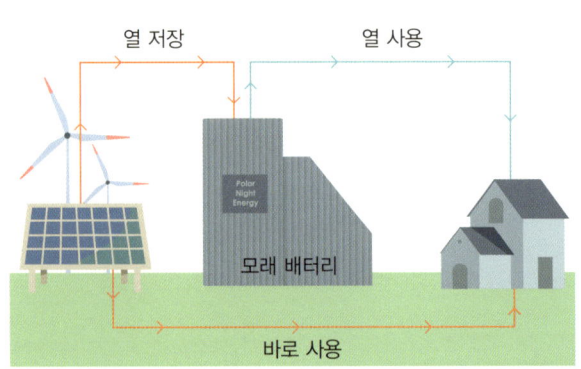

OX 퀴즈 기사를 읽고 설명이 맞으면 O, 틀리면 X 표시를 해 보세요.

- 모래 배터리는 500℃ 내외의 열을 저장할 수 있어요. (   )
- 모래 배터리는 철제 통에 물을 채워서 에너지를 저장해요. (   )

낱말 고르기 기사를 읽고 다음 괄호 안에 들어갈 알맞은 말을 골라 보세요.

재생에너지는 (지구 온난화   ,   지구 냉각화   )를 막는 데 중요한 역할을 해요. 일정한 생성이 어려워 고도의 (저장   ,   수출   ) 기술이 필요해요.

어휘 익히기 다음 초성 힌트와 설명을 보고 해당하는 어휘를 적어 보세요.

- ㅁㄹ   자연히 잘게 부스러진 돌 부스러기.
- ㄱㄷ   매우 높거나 뛰어난 수준이나 정도.
- ㅊㅈ   쇠로 만듦. 또는 그런 물건.
- ㄱㅈ   물건 등을 잘 간수하여 둠.

생각 쑥쑥 기사를 읽고 다음 질문에 답해 보세요.

① 모래 배터리의 열 저장 온도는 몇 ℃인가요?

② 지구 온난화를 막을 수 있는 새로운 재생에너지를 생각해 보세요.

손바닥으로 결제할게요

> **미리보기 사전**
>
> **생체 인식**
> 사람의 신체적 특징을 이용해 개인을 식별하는 기술이에요. 지문, 홍채, 얼굴, 손바닥 등으로 신분을 확인하는 거예요.

결제 수단과 방법은 물물교환, 현금, 신용카드, 스마트폰 등으로 변화를 거듭해 왔어요. 이제는 심지어 손바닥을 대는 것만으로 결제가 가능하대요!

블루투스 기능으로 결제 끝!

요즘은 버스 탈 때 스마트폰에 신용카드를 탑재한 후, 단말기에 접촉해 요금을 내요. 그런데 이보다 더 편리한 방법이 개발됐다고 해요. 경기도 용인시와 의정부시에서 시작한 '태그리스 요금 결제 서비스'는 비접촉 방식으로 요금을 결제해요. 블루투스 기능을 이용한 것인데요. 스마트폰에 앱을 설치한 다음 교통카드를 등록하면, 버스에 타고 내릴 때 단말기 접촉 없이 요금이 결제 되는 거예요. 손에 짐을 들고 있어 스마트폰을 꺼내기 어려울 때에도 손쉽게 결제가 되는 거예요!

손바닥으로 결제가 가능하다니!

중국 베이징의 전철역에서는 손바닥 결제 서비스를 도입했어요. 손바닥 결제 서비스는 생체 인식을 활용한 것인데요. 생체 인식이란 지문이나 얼굴 등을 컴퓨터가 개인을 인식하는 방식을 말해요. 특히 손바닥은 사람마다 주름, 모양, 정맥 형태가 모두 달라서 기기가 더 정확하게 인식할 수 있어요. 아마존에서도 손바닥 결제 서비스를 시범 운영 중이에요. 미국 시애틀에서는 스타벅스에서 손바닥만 대면 커피를 살 수 있다고 해요.

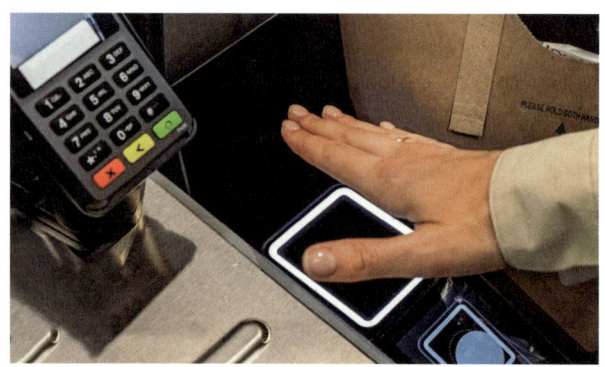

OX 퀴즈 기사를 읽고 설명이 맞으면 O, 틀리면 X 표시를 해 보세요.

- 태그리스 요금 결제를 하려면 교통카드 단말기에 휴대전화를 대야 해요. (   )
- 손바닥 인식은 생체 인식 중 기술 하나예요. (   )

낱말 고르기 기사를 읽고 다음 괄호 안에 들어갈 알맞은 말을 골라 보세요.

손바닥 결제 서비스는 손바닥의 주름, 모양, (정맥   ,   혈압   )의 형태 등을 인식해서 결제를 진행해요.

어휘 익히기 다음 초성 힌트와 설명을 보고 해당하는 어휘를 적어 보세요.

- ㅅ ㅂ   사람이나 사물을 알아봄.
- ㅈ ㅁ   손가락 끝에 있는 고유한 무늬.
- ㅂ ㄹ ㅌ ㅅ   가까운 거리에서 전자 기기끼리 데이터를 주고받을 수 있는 기술.
- ㄷ ㅁ ㄱ   교통카드나 신용카드를 읽어 결제하는 기계.

생각 쑥쑥 기사를 읽고 다음 질문에 답해 보세요.

① 태그리스 요금 결제 서비스는 어떻게 작동하나요?

② 손바닥 결제 서비스의 단점은 무엇일까요?

AI, 코너킥을 부탁해!

> **미리보기사전**
>
> **코너킥(Corner kick)**
> 축구 경기에서 골을 넣을 수 있는 중요한 기회 중 하나예요. 경기장 모서리에서 골대 쪽으로 공을 차 올리는 것을 말해요.

득점 찬스인 코너킥이 있을 때면 선수와 관중들은 손에 땀을 쥐어요. 그런데 코너킥을 누가 차면 좋을지 AI에게 물어보면 성공 확률을 높일 수 있대요.

코너킥 찰 때 AI가 왜 필요해?

축구 경기에서 코너킥은 평균 10번 정도 발생해요. 코너킥의 성공률은 10%도 넘지 않지만, 골을 넣을 수 있는 결정적인 기회기 때문에 어떤 선수가 코너킥을 차고, 어떤 선수가 공을 받아 공격할지 코치가 신중히 결정해야 해요. 기존에는 코치가 선수의 특성과 컨디션을 고려해 전략을 짰지만, 이제는 이 복잡한 결정을 AI가 돕는다고 해요.

코너킥 전문가 택틱AI

구글의 딥마인드에서 개발한 '택틱AI(Tactic AI)'는 축구 경기에서 코너킥 결과를 예측하고, 골을 넣는 전술을 제안하는 인공지능이에요. 택틱AI는 공을 받는 사람, 공의 방향, 전술 추천이라는 세 가지 요소를 학습했어요. 영국의 축구팀 리버풀에서 제공받은 수 천 개의 코너킥 정보를 활용해 학습했죠. 리버풀이 제공한 정보에는 선수들의 움직임, 키, 몸무게 등이 담겼어요. 수많은 정보를 학습한 택틱AI는 사람보다 더 정확하게 전술을 제시할 수 있게 됐어요. 실제로 축구 전문가들이 택틱AI가 만든 전술을 평가한 결과, 90%가 사람이 만든 전술보다 낫다고 평가했어요.

OX 퀴즈 기사를 읽고 설명이 맞으면 O, 틀리면 X 표시를 해 보세요.

- 택틱AI는 오직 공의 방향만을 학습해서 코너킥을 예측해요. (   )
- 리버풀은 택틱AI를 개발할 때 필요한 데이터를 제공했어요. (   )

낱말 고르기 기사를 읽고 다음 괄호 안에 들어갈 알맞은 말을 골라 보세요.

택틱AI는 축구 경기에서 (코너킥 , 헤딩슛)결과를 예측하고, (전술 , 반칙) 을 제안하는 인공지능이에요.

어휘 익히기 다음 초성 힌트와 설명을 보고 해당하는 어휘를 적어 보세요.

- ㄱㅈ   운동 경기를 구경하기 위해 모인 사람들.
- ㅈㅅ   일정한 목적을 달성하기 위한 수단이나 방법.
- ㅈㅇ   의견으로 내놓음.
- ㅈㄹ   경기나 전쟁 등을 전반적으로 이끌어 가는 방법이나 책략.

생각 쏙쏙 기사를 읽고 다음 질문에 답해 보세요.

① 경기장 모서리에서 골대 쪽으로 공을 차 올리는 것을 무엇이라고 하나요?

② 택틱AI로 인한 부작용은 없을까요?

별의 비밀을 밝히는 스펙트럼

> **미리보기 사전**
> **스펙트럼(Spectrum)**
> 빛이 물질을 통과할 때 나타나는 빛의 띠를 말해요. 비 온 뒤 무지개처럼 빛이 다양한 색으로 갈라져 보여요.

빛을 보면 별이 얼마나 살았는지, 어떻게 살았는지를 자세히 알 수 있어요. 어떻게 알 수 있을까요?

5,000개 이상의 별과 은하 관측

스펙트럼은 빛이 물질을 통과할 때 여러 색으로 갈라지는 현상을 말해요. 비 온 뒤 무지개가 생기는 것처럼요. 2021년에 한국천문연구원에서 시작한 K-SPEC 프로젝트는 동시에 5,000개 이상의 별과 은하를 관측하고 스펙트럼을 분석해요. 천문학자들은 스펙트럼을 통해 별의 화학 성분, 온도, 나이 등을 알아내죠. 이렇게 얻은 정보를 통해 별이 얼마나 오래 살았는지, 어떤 특징을 가지고 있는지 파악할 수 있답니다.

스펙트럼으로 별의 비밀을 밝히다

19세기 말 과학자 빌헬름 빈은 스펙트럼을 통해 별의 온도를 추측할 수 있다는 사실을 발견했어요. 태양의 스펙트럼을 분석해 온도가 약 6,000℃라는 것을 알아냈죠. 온도가 높을수록 밝은 별들을 '주계열성'이라고 해요. 과학자들은 스펙트럼을 연구하며 별이 시간에 따라 어떻게 변화하는지도 알아냈어요. 2022년에는 NASA의 제임스 웹 우주망원경이 외계 행성 WASP-96b의 스펙트럼을 관측해 이 행성에 물이 있다는 사실을 밝히기도 했죠. 스펙트럼은 천체가 어떻게 살았고, 얼마나 오래되었는지, 어떤 특징을 가지고 있는지를 알 수 있게 하는 중요한 도구예요.

OX 퀴즈 기사를 읽고 설명이 맞으면 O, 틀리면 X 표시를 해 보세요.

- 스펙트럼은 빛이 물질을 통과할 때 나타나는 빛의 띠를 말해요. (　　)
- 온도가 높을수록 어두운 별들을 '주계열성'이라고 해요. (　　)

낱말 고르기 기사를 읽고 다음 괄호 안에 들어갈 알맞은 말을 골라 보세요.

천문학자들은 스펙트럼을 통해 (별　,　달　)의 화학 성분, 온도, 나이 등을 알아내요. 이러한 정보를 통해 별이 얼마나 오래 살았는지, 어떤 (특징　,　외모　)을 가지고 있는지 자세히 파악할 수 있어요.

어휘 익히기 다음 초성 힌트와 설명을 보고 해당하는 어휘를 적어 보세요.

- ㅊㅊ　　우주에 존재하는 모든 물체를 이르는 말.
- ㅇㅎ　　천구 위에 구름 띠 모양으로 길게 분포된 수많은 천체 무리.
- ㄴㅇ　　세상에서 살아온 햇수.
- ㅌㄱ　　빛이나 물체가 어떤 것을 지나감.

생각 쑥쑥 기사를 읽고 다음 질문에 답해 보세요.

① 빌헬름 빈이 스펙트럼에서 발견한 것은 무엇인가요?

② 제임스 웹 우주망원경이 관측한 외계 행성에서 발견된 것은 무엇인가요?

주문하신 배양육 나왔습니다

> **미리 보기 사전**
>
> **배양육**
> 동물의 줄기세포를 실험실에서 배양하여 고기를 만드는 기술을 말해요. 소나 돼지 같은 동물의 세포를 이용해 고기를 만들어요.

3D 프린터로 만든 고기인 배양육을 들어 본 적 있나요? 배양육은 환경 보호와 동물 복지에 큰 도움이 돼요.

배양육, 정말 가능할까?

배양육은 실제 고기와 거의 비슷한 맛과 식감을 가져요. 이스라엘의 스테이크홀더라는 회사는 3D 프린터로 소고기, 장어,  닭고기를 대량으로 만들 수 있다고 해요. 짧은 시간 안에 많은 양의 고기를 생산할 수 있어서 세계가 주목하고 있어요. 싱가포르, 미국, 네덜란드, 이스라엘에서는 배양육 판매와 시식이 허용되었지만, 가격이 비싼 탓에 보편화되지는 못했어요. 2013년 배양육으로 만든 버거 패티 한 장은 3억 7,000만 원 정도였어요.

K배양육은 이제 시작

우리나라에서도 배양육 연구가 활발하게 진행되고 있어요. 중소벤처기업부에서는 경상북도 지역을 '세포배양 식품 규제자유특구'로 지정해서 배양육을 만들 수 있게 했어요. 식품의약품안전처는 배양육을 식품 원료로 인정하기 위한 절차를 밟고 있고요. 배양육이 식품 원료로 인정받으면, 3D 프린터로 만든 고기가 우리 식탁 위에 올라올 거예요. 우리나라의 여러 스타트업이 배양육 연구에 박차를 가하고 있는데, 셀미트에서는 독도새우 배양육을, 씨위드에서는 한우 배양육을 만들고 있어요. 배양육은 무엇보다도 동물에게 고통을 주지 않고, 환경을 보호하는 데 큰 도움이 된답니다.

OX 퀴즈 기사를 읽고 설명이 맞으면 O, 틀리면 X 표시를 해 보세요.

- 기술이 발전하면서 배양육의 가격이 점점 저렴해지고 있어요. (   )
- 우리나라는 배양육 연구를 활발히 진행 중이에요. (   )

낱말 고르기 기사를 읽고 다음 괄호 안에 들어갈 알맞은 말을 골라 보세요.

배양육은 동물의 (세포   ,   새끼   )를 실험실에서 배양하여 만든 고기로 (환경   ,   환자   ) 보호와 동물 복지에 큰 도움이 돼요.

어휘 익히기 다음 초성 힌트와 설명을 보고 해당하는 어휘를 적어 보세요.

- ㅂㅇ   인공적으로 동식물 세포와 미생물 등을 가꾸어 기름.
- ㅈㅈ   가리키어 확실하게 정함.
- ㅂㅊ   어떤 일을 나아가게 하려고 더하는 힘.
- ㅂㅈ   사람이나 동물의 건강하고 행복한 상태.

생각 쑥쑥 기사를 읽고 다음 질문에 답해 보세요.

① 2013년 만들어진 배양육 버거 패티 한 장은 얼마였나요?

② 배양육이 보편화되면 어떨까요? 자주 먹게 될까요?

쭉쭉 늘어나는 차세대 전자 피부

> **미리보기사전**
>
> **전자 피부(E-skin)**
> 딱딱한 전자 소자를 유연하게 만들어 사람에게 부착하는 기술이에요. 의료, 건강 관리 등 다양한 분야에서 사용해요.

마음대로 늘리거나 줄여도 문제없는, 무선 통신 성능을 갖춘 전자 피부가 국내에서 개발됐어요.

세계 최초 전자 피부 개발 성공!

최근 전자 피부 기술을 기반으로 한 웨어러블 기기가 급성장하고 있어요. 이런 가운데 국내 연구진이 늘리거나 줄여도 무선 통신 성능을 유지하는 전자 피부를 개발했어요. 이 전자 피부를 사람 피부에 붙이면 심장 박동·체온·뇌파·근육 신호 등을 실시간으로 확인해 병원에 가지 않고 집에서도 건강 상태를 확인할 수 있다고 해요. 전자 피부가 수집한 정보를 의사가 확인하면, 간단한 진찰도 가능해서 거동이 불편한 사람이나 먼 곳에 사는 사람들에게 큰 도움이 될 거예요. 심장 마비 같은 응급 상황에서 빨리 신호를 감지하고 도움을 요청할 수 있어 응급 상황도 대비할 수 있어요.

다재다능한 전자 피부

전자 피부는 헬스케어 분야에서도 유용해요. 심박수나 열량 소모량을 측정해 운동 성과를 분석하고 더 나은 운동 방법을 제안하거든요. 전자 피부는 부드럽고 가벼워서 오랫동안 착용해도 불편하지 않아요. 나아가 로봇에 전자 피부를 붙이면 더 인간적인 움직임을 나타내고 더 섬세하게 물건을 다룰 수 있어요. 이처럼 전자 피부는 활용 분야가 무궁무진해요.

  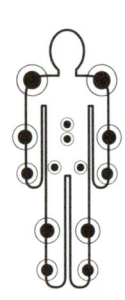

OX 퀴즈 기사를 읽고 설명이 맞으면 O, 틀리면 X 표시를 해 보세요.

- 전자 피부는 사람의 피부에 부착하여 건강 상태를 측정할 수 있어요. ( )
- 전자 피부는 늘어나거나 줄어들면 무선 통신 성능이 떨어져요. ( )

낱말 고르기 기사를 읽고 다음 괄호 안에 들어갈 알맞은 말을 골라 보세요.

(전자 피부 , 미용 마스크)는 사람 피부에 붙이면 심장 박동·체온·뇌파·근육 신호 등을 실시간으로 확인해 (병원 , 회사)에 가지 않아도 집에서 건강 상태를 확인할 수 있어요.

어휘 익히기 다음 초성 힌트와 설명을 보고 해당하는 어휘를 적어 보세요.

- ㅂㅊ   어떤 물체를 다른 물체에 붙임.
- ㄱㄷ   몸을 움직임.
- ㄴㅍ   뇌에서 발생하는 전류.
- ㅁㄱㅁㅈ   끝이 없이 다양함.

생각 쑥쑥 기사를 읽고 다음 질문에 답해 보세요.

① 전자 피부는 의료 분야 외 어디에서 활용 가능한가요?

② 전자 피부를 로봇에 부착하면 어떤 변화가 생길까요?

수소 비행기, 하늘을 지켜 줘!

> **미리보기사전**
>
> **수소 비행기**
> 일반 항공기와 달리 수소를 연료로 사용하는 비행기로, 연료를 태울 때 이산화탄소 대신 물만 배출해 환경을 보호해요.

　최근 많은 항공사가 2035년까지 수소 비행기를 상용화하려고 준비 중이에요. 수소 비행기가 미래에 어떤 변화를 불러올지 살펴볼까요?

전세기가 배출하는 막대한 이산화탄소

　비행기는 승객 한 명을 1km 이동시킬 때마다 많은 이산화탄소를 배출해요. 비행기가 배출하는 이산화탄소량은 버스의 4배, 기차의 20배에 달하죠. 때문에 비행기는 환경 오염의 주범으로 꼽혀요. 일례로 2016년 한 해 동안 개인 전세기가 배출한 이산화탄소는 3,700만 톤으로, 이 수치는 홍콩이나 아일랜드의 연간 이산화탄소 배출량과 비슷해요. 전세기 숫자가 계속 늘어나면서 이산화탄소 배출량도 점점 증가하고 있어요.

친환경 하늘길, 수소 비행기의 미래

　수소 비행기는 연료를 태울 때 이산화탄소를 거의 배출하지 않고 물만 배출해, 환경에 무해한 친환경적인 비행기예요. 이런 이유로 여러 회사가 수소 비행기 개발에 나섰어요. 세계적인 항공기 제작사인 에어버스는 2035년까지 수소 비행기를 상용화하겠다는 계획을 발표했어요. 보잉은 NASA와 함께 수소연료전지 비행기를 연구하고 있지요. 인천국제공항은 액화수소 충전소를 구축해 수소 비행기 충전에 대비하고 있어요. 싱가포르 창이공항도 수소 충전 허브로 개발될 예정이에요. 수소 비행기의 상용화는 탄소 중립을 목표로 해요. 수소 비행기가 지구를 지키는 데 큰 역할을 하겠죠?

OX 퀴즈 기사를 읽고 설명이 맞으면 O, 틀리면 X 표시를 해 보세요.

- 수소 비행기는 수소를 연료로 사용해요. (   )
- 비행기는 기차보다 이산화탄소를 덜 배출해요. (   )

낱말 고르기 기사를 읽고 다음 괄호 안에 들어갈 알맞은 말을 골라 보세요.

비행기는 승객 한 명을 1km 이동시킬 때마다 많은 (이산화탄소 ,   산소)를 배출해요.
비행기가 배출하는 이산화탄소 (양 , 질)은 버스의 4배, 기차의 20배에 달해요.

어휘 익히기 다음 초성 힌트와 설명을 보고 해당하는 어휘를 적어 보세요.

- ㅈㅅㄱ   세를 내고 빌려 쓰는 비행기.
- ㅈㅂ   어떤 사건이나 상황에서 가장 큰 책임이 있는 사람이나 원인.
- ㄱㅊ   어떤 것을 만들거나 설치함.
- ㅎㅂ   중심이 되는 장소나 기지.

생각 쑥쑥 기사를 읽고 다음 질문에 답해 보세요.

① 수소 비행기는 연료를 태울 때 무엇을 배출하나요?

② 수소 비행기가 상용화되면 어떤 변화가 생길까요?

강원도에 오로라가 나타났다

> **미리보기 사전**
>
> **오로라(Aurora)**
> 태양에서 방출된 고에너지 입자들이 지구 대기와 반응해서 만들어지는 아름다운 빛이에요. 초록색, 붉은색, 보라색 등 다양한 색깔로 나타나요.

전 세계 사람들은 오로라를 보기 위해 주로 북극과 남극 같은 극지방으로 여행을 떠나요. 거의 극지방에서만 볼 수 있는 희귀한 현상이기 때문이에요. 그런데 이 오로라가 강원도에서도 관측됐다고 해요.

오로라의 생성 원리

태양 폭풍은 태양 표면에서 큰 폭발이 일어나면서 많은 고에너지 입자들이 우주로 쏟아져 나오는 현상이에요. 이 입자들은 지구의 자기장에 이끌려 극지방으로 내려와 초고층 대기와 반응하면서 빛을 만들어요. 오로라의 초록색과 붉은색은 산소 분자가, 보라색은 질소 분자가 내는 빛이지요. 이번에 발생한 태양 폭풍은 매우 강력해서 한국에서도 오로라가 관측되었어요.

우리나라에서도 오로라를 볼 수 있어요

한국천문연구원은 강원도 화천과 철원 등에서 아마추어 천문학자들이 오로라 촬영에 성공했다고 발표했어요. 강원도에서 관측된 오로라는 특수 사진기를 통해서만 아름다움을 확인할 수 있었어요. 오로라는 지구 자기장의 남북극을 중심으로 고리 모양으로 나타나는데, 태양 활동이 강해지면 이 고리가 더 넓어져서 한국에서도 관측된다고 해요. 지난 2003년에도 강력한 태양 폭풍으로 붉은색 오로라가 포착된 적이 있었는데, 이번에도 태양에서 큰 폭발이 일어나면서 지구로 고에너지 입자들이 도달해 오로라가 만들어진 거예요. 앞으로도 태양 활동이 활발해지면 더 많은 오로라가 관측될 거예요.

OX 퀴즈 기사를 읽고 설명이 맞으면 O, 틀리면 X 표시를 해 보세요.

- 오로라는 오직 북극과 남극에서만 볼 수 있어요. (   )
- 오로라는 태양 표면의 폭발로 인해 생기는 현상이에요. (   )

낱말 고르기 기사를 읽고 다음 괄호 안에 들어갈 알맞은 말을 골라 보세요.

고에너지 입자들이 지구의 (자기장   ,   중력   )에 이끌려 극지방으로 내려와 초고층 대기와 반응하면서 빛을 만들어요. 오로라의 초록색과 붉은색은 산소 분자가, 보라색은 (질소   ,   탄소   ) 분자가 내는 빛이에요.

어휘 익히기 다음 초성 힌트와 설명을 보고 해당하는 어휘를 적어 보세요.

- ㅅㄲ   물체가 빛을 받을 때 파장에 따라 표면에 나타나는 빛.
- ㅈㄱㅈ   자석, 전류, 지구 표면 등 자기의 작용이 미치는 공간.
- ㅂㅈ   물질을 이루는 기본 단위로, 보통 두 개 이상의 원자가 결합되어 이뤄짐.
- ㄷㄷ   어떤 목표나 목적에 이르거나 닿음.

생각 쏙쏙 기사를 읽고 다음 질문에 답해 보세요.

① 우리나라 어느 지역에서 오로라가 관측됐나요?

② 오로라를 직접 보게 된다면 어떤 기분일까요?

달 뒷면의 비밀을 풀 열쇠

> **미리보기사전**
> **창어 6호**
> 중국에서 만든 우주 탐사선의 이름이에요. 달의 뒷면에서 토양과 암석 샘플을 채취하는 중요한 임무를 맡았어요.

중국의 우주 탐사선 창어 6호가 달 뒷면에서 채취한 토양과 암석 샘플을 지구로 가져왔어요.

달 뒷면의 토양과 암석을 수집하다

창어 6호가 달 뒷면에서 샘플을 채취하는 데 성공했어요. 이 임무는 세계 최초로 달 뒷면에서 샘플을 얻은 중요한 과업으로 평가받아요. 창어 6호는 달 뒷면 '남극-에이킨 분지'라는 곳에서 샘플을 채취했어요. 드릴로 땅을 파서 샘플을 모으고, 기계 팔로 표면에서 토양과 암석을 채취하는 방식으로 작업한 것이죠.

임무를 마치고 다시 지구로!

창어 6호는 유럽우주국(ESA)의 달 표면 음이온 분석기, 프랑스의 달 라돈 탐지기, 이탈리아의 레이저 반사기 등을 활용해 달 뒷면에 대한 다양한 정보를 수집했어요. 창어 6호는 고온의 달 표면에서도 잘 작동했고, 다양한 장비를 이용했지요. 창어 6호는 샘플을 가지고 지난 6월 25일 지구로 돌아왔어요. 중국 언론은 창어 6호가 가져온 샘플 양이 목표했던 2kg에 근접한다며, 이 샘플이 앞으로 달에 대한 많은 비밀을 풀어줄 수 있을 것으로 기대한다고 밝혔어요.

OX 퀴즈 기사를 읽고 설명이 맞으면 O, 틀리면 X 표시를 해 보세요.

- 창어 6호는 중국에서 만든 우주 탐사선이에요. (   )
- 창어 6호의 달 샘플 채취 기술은 중국에서 독자적으로 이룬 성과예요. (   )

낱말 고르기 기사를 읽고 다음 괄호 안에 들어갈 알맞은 말을 골라 보세요.

창어 6호는 달 뒷면 (남극   ,   북극   ) 에이킨 분지 라는 곳에서 샘플을 채취했어요. (드릴   ,   삽   )로 땅을 파서 샘플을 모으고, 기계 팔로 표면에서 토양과 암석을 채취했어요.

어휘 익히기 다음 초성 힌트와 설명을 보고 해당하는 어휘를 적어 보세요.

- ㅌㅇ   표면을 덮고 있는 흙.
- ㅇㅅ   돌과 같은 단단한 물질.
- ㅊㅊ   특정한 물질이나 물건을 얻기 위해 모으거나 캐는 것.
- ㄱㅇ   꼭 해야 할 일이나 임무.

생각 쑥쑥 기사를 읽고 다음 질문에 답해 보세요.

① 창어 6호는 달의 어느 곳에서 토양을 채취했나요?

② 창어 6호가 가져온 샘플로 어떤 비밀이 밝혀질까요?

외계 행성에 생명이 살 수 있을까?

외계 행성
태양계 밖에 있는 행성을 말해요.

미리보기사전

지구에서 40광년 떨어진 곳에서 외계 행성 '글리제 12b'가 발견됐어요. 이 행성은 지구와 비슷한 크기와 온도로 생명체가 있을지 모른다는 기대를 모아요.

행성에 생명체가 살까?

글리제 12b는 차가운 적색 왜성인 '글리제 12' 주위를 12.8일마다 한 바퀴씩 도는 행성이에요. 크기는 지구보다 조금 작고, 표면 온도는 42°C로 지금까지 발견된 외계 행성 중 온도가 가장 낮아요. 글리제 12b는 지구가 태양으로부터 받는 에너지의 1.6배를 받고 있어서 생명체가 살기에 적합한 온도를 유지할 가능성이 높아요. 이 행성의 표면 온도가 다른 외계 행성보다 확연히 낮고 지금까지 발견된 외계 행성 중에서 지구와 가까운 편에 속하기 때문이에요. 다만, 아직 이 행성의 대기가 어떻게 구성됐는지는 확실히 알 수 없어요.

과연 대기가 있을까?

글리제 12b의 대기 상태를 확인하는 것은 매우 중요해요. 대기가 있으면 지구와 비슷한 환경을 유지하지만, 대기가 없으면 매우 뜨거운 행성이 될 수 있거든요. 현재는 대기가 없는 상태를 가정하여 표면 온도를 추정했지만, 실제로 대기가 있다면 더 많은 정보를 알 수 있을 거예요. 제임스 웹 우주망원경을 통해 글리제 12b의 대기를 관측하면 이 행성에 물이 존재하는지, 생명체가 살 수 있는 환경인지 더 정확히 알 수 있을 거예요.

OX 퀴즈 기사를 읽고 설명이 맞으면 O, 틀리면 X 표시를 해 보세요.

- 글리제 12b는 지구보다 훨씬 큰 외계 행성이에요. (   )
- 글리제 12b는 12.8일마다 한 바퀴씩 글리제 12를 돌아요. (   )

낱말 고르기 기사를 읽고 다음 괄호 안에 들어갈 알맞은 말을 골라 보세요.

글리제 12b는 표면 온도가 다른 외계 행성보다 확연히 낮고 지금까지 발견된 외계 행성 중 (지구 , 달)와 가까운 편에 속해요. 다만, 아직 이 행성의 (대기 , 물)가 어떻게 구성됐는지는 확실히 알 수 없어요.

어휘 익히기 다음 초성 힌트와 설명을 보고 해당하는 어휘를 적어 보세요.

- ㄱㅈ   사실인지 아닌지 분명하지 않은 것을 임시로 인정함.
- ㅊㅈ   어떤 사실이나 결과를 짐작하여 판단함.
- ㅇㅅ   반지름이 작고 지구에 비치는 빛의 밝기가 낮은 별.
- ㄱㄴ   천체와 천체 사이의 거리를 나타내는 단위.

생각 쑥쑥 기사를 읽고 다음 질문에 답해 보세요.

① 글리제 12b의 표면 온도는 몇 ℃인가요?

② 글리제 12b에 생명체가 살 수 있다면 어떤 생명체가 존재할까요?

엔비디아, 블랙웰로 미래를 바꾸다

미리보기사전

블랙웰(Blackwell)
엔비디아가 만든 차세대 그래픽 처리 장치(GPU)로, 기존 제품보다 훨씬 강력한 성능을 자랑해요. 이 칩은 인공지능(AI)을 더 똑똑하게 만드는 역할을 해요.

엔비디아가 새로운 GPU인 블랙웰을 발표했어요. 이 칩은 인공지능을 더 똑똑하게 만들어 준대요.

블랙웰의 특징은?

엔비디아의 블랙웰은 기존의 GPU보다 2.5배 뛰어난 연산 능력을 자랑해요. 4배 빠르게 학습하고, 30배 더 빠르게 추론할 수 있어, 우리가 인공지능을 통해 더 많은 일을 빠르게 처리할 수 있게 도와줘요. 블랙웰은 전력 효율도 뛰어나 기존보다 적은 전력으로 많이 훈련하고, 많은 일을 처리해요. 블랙웰은 두 개의 칩을 하나로 결합해 서로 다른 작업을 동시에 처리하는 병렬 처리 능력을 갖추고 있답니다.

블랙웰의 미래와 기대

아마존, 구글, 메타, 마이크로소프트 같은 회사들이 이 제품을 사용하려고 해요. 왜냐하면 블랙웰이 인공지능을 더 똑똑하게 만들 것이라고 기대하기 때문이에요. 블랙웰은 데이터 센터에서 정보를 더 안전하게 보호하는 기술을 갖고 있어요. 시큐어 AI 기술로 데이터 센터 내부에서 정보를 암호화해 보안성을 강화하지요. 엔비디아는 블랙웰을 다양한 고객들에게 맞춤형으로 제공할 계획을 하고 있어요. 관련 업계 전문가는 다음 산업 혁명이 이미 시작됐으며, 엔비디아의 블랙웰이 핵심 역할을 할 것이라고 전했어요.

OX 퀴즈 기사를 읽고 설명이 맞으면 O, 틀리면 X 표시를 해 보세요.

- 블랙웰은 병렬 처리 능력이 있어요. (   )
- 블랙웰은 많은 전력이 필요해 전력 효율이 낮아요. (   )

낱말 고르기 기사를 읽고 다음 괄호 안에 들어갈 알맞은 말을 골라 보세요.

블랙웰은 데이터 센터에서 정보를 더 안전하게 (보호 , 삭제)하는 기술을 가지고 있어요. 시큐어 AI 기술로 데이터 센터 내부에서 정보를 암호화해 (보안성 , 독창성)을 강화하지요.

어휘 익히기 다음 초성 힌트와 설명을 보고 해당하는 어휘를 적어 보세요.

- ㅊㅅㄷ   다음 세대의, 더 발전된 단계.
- ㅎㅅ   배워서 익힘.
- ㅎㄹ   기본 자세나 동작 등을 되풀이하여 익힘.
- ㅂㄹ   나란히 늘어섬. 또는 나란히 늘어놓음.

생각 쑥쑥 기사를 읽고 다음 질문에 답해 보세요.

① 엔비디아가 만든 차세대 그래픽 처리 장치(GPU)의 이름은 무엇인가요?

② GPU로 인공지능이 더 똑똑해지면 세상은 어떻게 변화할까요?

세계 최초의 AI 미인 대회

미리보기사전

미인 대회
참가자들이 외모, 재능, 성격 등을 통해 자신의 매력을 겨루는 대회예요. 다양한 심사 기준을 통해 우승자를 가려요.

세계 최초 AI 미인 대회가 열려 화제를 모았어요. 이 대회에는 사람이 아닌 AI 이미지가 출전해요. 심사위원 중에도 AI가 있대요.

AI 미인 대회에 참가하는 방법

지난 5월 세계 최초의 AI 미인 대회인 '월드 AI 크리에이터 어워드'가 열렸어요. 이 대회에 참가하고 싶은 사람은 AI를 이용해 만든 아름다운 여성의 이미지를 제출하고, 몇 가지 질문에 대한 답을 준비하면 돼요. 질문 중에는 AI 이미지를 만들 때 사용한 기술적인 세부 사항이나 세상을 더 나은 곳으로 만들기 위한 포부가 담기기도 했어요. 예선전에서 참가자 중 후보자 10명을 뽑은 뒤, 결승전에서 3명의 우승자를 선정해요.

가장 아름다운 AI는 어떻게 심사할까?

AI 미인 대회는 아름다움, 기술, 소셜미디어 영향력을 평가 기준으로 삼아요. 첫 번째, 아름다움은 생성된 AI 이미지가 얼마나 미인에 부합한지 심사해요. 두 번째, 기술은 참가자가 AI 이미지를 얼마나 정교하게 만들었는지 평가해요. 손이나 눈 주변처럼 섬세한 움직임이 필요한 신체 부위를 얼마나 자연스럽게 만들었는지가 중요하죠. 세 번째, 소셜미디어 영향력은 온라인에서 얼마나 많은 관심을 받았는지를 평가 기준으로 삼아요. 이 대회의 가장 독특한 점은 심사위원 중에도 AI가 있다는 거예요. AI가 참가자를 평가하는 AI 대회라니 신기한 일이죠?

OX 퀴즈 기사를 읽고 설명이 맞으면 O, 틀리면 X 표시를 해 보세요.

- AI 미인 대회인 '월드 AI 크리에이터 어워드'는 사람만 참가할 수 있어요. (   )
- AI 미인 대회에서는 심사위원 중 일부가 AI예요. (   )

낱말 고르기 기사를 읽고 다음 괄호 안에 들어갈 알맞은 말을 골라 보세요.

참가서의 질문 중에는 AI 이미지를 만들 때 사용한 (　기술적인　,　정신적인　) 세부 사항, 세상을 더 나은 곳으로 만들기 위한 (　포부　,　실패　)가 담겼어요.

어휘 익히기 다음 초성 힌트와 설명을 보고 해당하는 어휘를 적어 보세요.

- ㅂㅎ　　　사물이나 현상이 서로 꼭 들어맞음.
- ㅊㅈ　　　시합이나 경기 등에 나감.
- ㅍㅂ　　　마음 속에 지니고 있는 계획이나 희망.
- ㅅㅅㅇㅇ　대회에서 참가자를 평가하는 사람.

생각 쑥쑥 기사를 읽고 다음 질문에 답해 보세요.

① AI 미인 대회에서는 어떤 기준으로 심사하나요?

② 여러분이 심사위원이라면 어떤 기준으로 심사하고 싶나요?

가장 작은 유인원 화석 발견!

> **미리 보기 사전**
> **유인원**
> 고릴라나 오랑우탄처럼 우리와 비슷하게 생긴 포유류를 통틀어 이르는 말이에요.

독일에서 약 1,100만 년 전 살았던 아주 작은 유인원의 화석이 발견되었어요. 지금까지 발견된 유인원 화석 중 가장 작으며, 나무를 잘 타고 과일을 좋아했을 것이라고 해요.

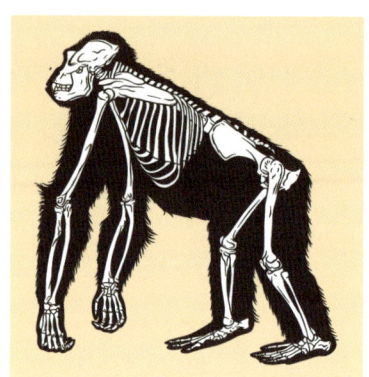

가장 작은 유인원, 부로니우스 만프레드슈미디

독일 남동부에서 현대 인류와 고릴라, 침팬지의 조상으로 여겨지는 고대 유인원 '부로니우스 만프레드슈미디'의 화석이 발견됐어요. 이 화석은 약 1,100만 년 전 살았던 유인원의 것으로, 몸무게가 약 10kg에 불과해 지금까지 발견된 유인원 화석 중 가장 작은 크기를 자랑해요. 연구진은 이 유인원이 어떻게 살았는지 알아보기 위해 치아와 슬개골을 분석했어요. 그 결과, 슬개골이 두껍고 비대칭적이어서 나무를 잽싸게 올랐을 것으로 추정해요.

부드러운 과일을 좋아해

유인원 화석의 치아 상태를 분석한 결과, 치아의 마모 정도가 약해 질긴 음식보다 부드러운 과일이나 나뭇잎을 먹으며 생활했을 것이라고 추정해요. 유인원의 몸집이 작은 이유는 추가 연구가 필요하다고 해요. 현재까지의 분석으로는 부로니우스가 유인원의 초기 조상이거나 다른 큰 동물들과 생태계에서 공존하기 위해 몸집을 작게 유지했을 것이라고 보고 있어요. 이처럼 새로운 유인원 화석의 발견은 우리가 고대 유인원의 생활 방식을 이해하는 데 도움을 줘요.

OX 퀴즈 기사를 읽고 설명이 맞으면 O, 틀리면 X 표시를 해 보세요.

- 부로니우스 만프레드슈미디는 지금까지 발견된 유인원 중 가장 작은 화석이에요. (　　)
- 부로니우스 만프레드슈미디는 나무를 매우 잘 탔을 것으로 추정해요. (　　)

낱말 고르기 기사를 읽고 다음 괄호 안에 들어갈 알맞은 말을 골라 보세요.

연구진은 부로니우스 만프레드슈미디의 (　치아　,　두개골　) 상태를 살펴본 결과, 마모 정도가 약해 질긴 음식보다는 (　부드러운　,　딱딱한　) 과일이나 나뭇잎을 먹으며 생활했을 것이라 추정했어요.

어휘 익히기 다음 초성 힌트와 설명을 보고 해당하는 어휘를 적어 보세요.

- ㅎㅅ　　옛날에 살았던 생물의 뼈나 흔적이 돌처럼 굳어져 남은 것.
- ㅁㅁ　　마찰에 의해 닳아 없어지는 현상.
- ㅅㅌㄱ　생물과 그들이 살고 있는 환경이 서로 영향을 주고받는 자연의 체계.
- ㅅㄱㄱ　무릎 한 가운데에 있는 작고 오목한 뼈.

생각 쏙쏙 기사를 읽고 다음 질문에 답해 보세요.

① 부로니우스 만프레드슈미디의 몸무게는 몇 kg인가요?

② 부로니우스 만프레드슈미디가 몸집이 작은 또 다른 이유를 추측해 보세요.

사설

친구 같은 AI를 조심하세요

미리보기사전

일라이자 효과(ELIZA effect)
사용자가 인공지능(AI)을 인간으로 착각하는 현상을 말해요. 친구처럼 느끼는 것이죠.

AI 기술의 발전으로 우리 생활이 더 편리해지고 있어요. AI가 감정을 표현하고 인간처럼 행동하는 것이 과연 안전한 일일까요?

AI로 디지털 부활

AI 기술 발달로 개인이 디지털 부활을 만들 수도 있게 됐어요. 미국의 필립 월렛은 엄마를 위해 죽은 아빠의 목소리를 AI로 부활시켜 크리스마스카드에 메시지를 담아 선물했어요. 중국에서는 온라인 쇼핑몰에서 디지털 부활을 제공하는 서비스가 인기예요. 사진과 음성 파일을 제출하면 자연스러운 대화가 가능한 AI를 제작해 주는 서비스죠. 많은 사람들이 AI를 말벗 삼아 외로움을 달랬어요.

AI 감정 표현의 위험성과 윤리적 문제

사용자가 인공지능을 친구처럼 느끼는 일라이자 효과가 지속되면 사회적으로 고립되는 일이 나타날 수 있어요. 인공지능에 지나치게 의존해 실제 사람과 대화나 교류를 소홀히 하고, 자아 정체성을 잃을 수 있거든요. 인공지능이 감정을 조작할 수 있는 가능성도 제기되고 있어요. 여러 학자들은 인공지능이 감정을 나타내는 데 반대해요. 인공지능이 인간의 감정을 진정으로 이해하거나 공감할 수 없기 때문에, 감정을 왜곡하거나 조작할 여지가 있고 윤리적 문제가 발생할 수 있다고 경고하죠.

우리의 선택과 나아가야 할 방향은?

디지털 부활은 사람들에게 큰 위로와 힘을 주지만, 윤리적 문제를 안고 있어요. 문제 해결을 위해서는 첫째, AI 기술에 대한 윤리적 가이드라인이 필요해요. 정부와 학계는 AI의 감정 표현에 대한 명확한 기준을 마련하고 이를 준수하도록 해야 해요. 둘째, 사용자 교육이 필요해요. AI를 올바르게 사용하고, 인공지능과 실제 사람을 구분할 수 있는 능력을 길러야 하죠. 셋째, 전문가들이 협력해야 해요. AI 분야의 인재를 양성하고 이들이 자유롭게 연구하는 환경을 조성하는 일도 중요하지만, 그만큼 AI 분야의 문제점을 전문가의 시각에서 발견하고 이의를 제기하는 것도 중요하거든요. 우리가 AI에 대해 지속적인 관심을 보인다면 더 나은 미래를 만들어갈 수 있을 거예요.

OX 퀴즈 기사를 읽고 설명이 맞으면 O, 틀리면 X 표시를 해 보세요.

- AI 기술은 모든 사람에게 항상 긍정적인 영향을 미쳐요. (   )

낱말 고르기 기사를 읽고 다음 괄호 안에 들어갈 알맞은 말을 골라 보세요.

여러 학자들은 인공지능이 (감정   ,   외모   )을 나타내는 것에 반대해요. 인공지능이 인간의 감정을 진정으로 이해하거나 공감할 수 없기 때문에, 감정을 왜곡하거나 조작하는 (윤리적   ,   기술적   ) 문제가 발생할 수 있다고 경고해요.

생각 쑥쑥 기사를 읽고 다음 질문에 답해 보세요.

① 일라이자 효과란 무엇인가요?

② AI 디지털 부활을 통해 다시 만나고 싶은 사람이 있나요?

어휘 한눈에 보기

과학 기사에 등장한 한자어와 순우리말 어휘를 정리해 보아요. 한자처럼 보이지만 순우리말인 경우도 있고 순우리말처럼 보이는 말이 한자어인 경우도 있으니 꼼꼼하게 살펴보세요.

 과학 기사에서 눈여겨보면 좋을 **한자어**

억양
抑 누를 억
揚 오를 양

말을 할 때 소리의 높낮이에 변화를 주는 일.

투사
透 통할 투
射 쏠 사

빛이 물건을 꿰뚫고 들어감.

매진
賣 팔 매
盡 다할 진

하나도 남지 않고 다 팔려 동이 남.

정확
正 바를 정
確 굳을 확

바르고 확실함.

효율적
效 본받을 효
率 율 율(률)
的 과녁 적

들인 노력에 비해 얻는 결과가 큰 것.

자석
磁 자석 자
石 돌 석

쇠를 끌어당기는 자기를 띤 물체.

몰두
沒 잠길 몰
頭 머리 두

어떤 일에 온 정신을 다 기울여 열중함.

접촉
接 접할 접
觸 닿을 촉

서로 맞닿음.

득점
得 얻을 득
點 점 점

시험이나 경기 등에서 점수를 얻음.

식감
食 먹을 식
感 느낄 감

음식을 먹거나 씹을 때 느껴지는 느낌.

보편화
普 널리 보
遍 두루 편
化 될 화

널리 일반인에게 퍼짐.

체온
體 몸 체
溫 따뜻할 온

동물체가 가지고 있는 온도.

무해
無 없을 무
害 해로울 해

해로움이 없음.

상용화
常 항상 상
用 쓸 용
化 될 화

기술 등이 일상적으로 쓰이게 됨.

근접
近 가까울 근
接 접할 접

가까이 접근함.

핵심
核 씨 핵
心 마음 심

가장 중심이 되는 부분.

정교
精 짧을 정
巧 교묘할 교

솜씨나 기술 등이 정밀하고 교묘하다.

고립
孤 외로울 고
立 설 립(입)

다른 사람과 어울리지 못하거나 도움을 받지 못해 외따로 떨어짐.

🔍 과학 기사에서 눈여겨보면 좋을 **순우리말**

- **몸집**   몸의 부피.
- **무덤**   죽은 사람이나 유골을 땅에 묻어 놓은 곳.
- **뜨겁다** 감정이나 열정 등이 격렬하다.
- **잣대**   어떤 현상이나 문제를 판단하는 기준을 비유적으로 이르는 말.
- **촘촘하다** 틈이나 간격이 매우 좁거나 작다.
- **짐**   챙기거나 꾸려 놓은 물건.
- **띠**   너비가 좁고 길쭉한 물건을 통틀어 이르는 말.
- **무지개** 공중에 떠 있는, 반원 모양의 일곱 빛깔의 줄.
- **고리**   양 끝을 맞붙여 둥글거나 모나게 만든 모양.
- **가리다** 여럿 가운데서 하나를 구별하여 고르다.
- **잽싸다** 동작이 매우 빠르고 날래다.
- **말벗**   더불어 이야기할 만한 친구.

제트기만큼 시끄러운 매미 떼의 출현

> **미리보기 사전**
>
> **데시벨(dB)**
> 소리의 세기를 나타내는 단위예요. 일상 대화는 50~60dB, 헤어드라이어 소리는 90dB 정도예요.

올여름 미국에서 221년 만에 엄청난 매미 떼가 나타날 예정이에요. 이 매미들은 제트기처럼 엄청난 소음을 일으킬 거래요.

221년 만에 나타나는 매미 떼

미국 일리노이, 위스콘신, 루이지애나, 조지아 등 여러 주에서 두 종류의 매미 떼가 나타날 예정이에요. 이 매미들은 각각 13년, 17년 주기로 나타나는데, 13과 17의 최소공배수는 221이므로, 221년마다 함께 나오는 셈이에요. 마지막으로 동시 출현했던 때가 1803년이었으니 올해가 또 동시에 나타나는 해인 거예요! 곤충학자 존 쿨리는 이번 매미 떼의 수가 약 1,000조 마리가 될 거라고 예상했어요. 이 매미들은 붉은 눈을 가지고 있고, 긴 시간 동안 땅속에서 유충 시절을 보내다가 성충이 되어 지상으로 올라와요.

제트기만큼 시끄러운 매미 소리

두 종류의 매미 떼가 동시에 나타나면 소음 문제가 생길 수 있어요. 매미 떼가 내는 소리는 110dB에 달해, 마치 제트기 옆에 있는 것처럼 시끄럽거든요. 하지만 다행히 매미 떼가 사람이나 농작물에 피해를 주진 않아요. 곤충학자들은 이번 매미 떼 현상을 통해 다양한 생태 정보를 수집할 계획이에요. 시카고 필드 박물관의 곤충 수집 관리자는 "매미는 분명 시끄럽겠지만, 일생에 한 번뿐인 경험이 될 것"이라며 기대감을 보였어요. 한편 미국에서는 이번 매미 떼의 습격을 두고 '매미'와 '아마겟돈'을 합친 '매미겟돈'이라는 신조어까지 생겨났다고 해요.

OX 퀴즈 기사를 읽고 설명이 맞으면 O, 틀리면 X 표시를 해 보세요.

- 두 종류의 매미 떼는 21년 만에 동시에 나타날 예정이에요. (   )
- 매미 떼의 소리는 제트기 소리와 비슷한 110dB 정도예요. (   )

낱말 고르기 기사를 읽고 다음 괄호 안에 들어갈 알맞은 말을 골라 보세요.

이 매미들은 각각 13년, 17년 주기로 나타나는데, 13과 17의 (최대공약수 , 최소공배수) 는 221이므로, 221년마다 함께 나오는 셈이에요.

어휘 익히기 다음 초성 힌트와 설명을 보고 해당하는 어휘를 적어 보세요.

- ㅅㅇ   불규칙하게 뒤섞여 불쾌하고 시끄러운 소리.
- ㅊㅅㄱㅂㅅ   두 수의 공통된 배수 중 0을 제외한 가장 작은 수.
- ㅇㅊ   알에서 깨어난 후, 다 자라지 않은 곤충.
- ㅅㅊ   곤충이 다 자라서 어른이 된 상태.

생각 쑥쑥 기사를 읽고 다음 질문에 답해 보세요.

① 매미 떼가 내는 소음은 몇 dB이며, 어떤 비행기와 맞먹는 소리인가요?

② 시끄러운 매미 떼와 평화롭게 지낼 방안은 없을까요?

하늘에서 쇳덩이가 쿵!

> **미리보기 사전**
> **우주 쓰레기**
> 발사 로켓의 일부나 오래된 인공위성 등 인간이 우주에서 만든 물체 중 사용되지 않는 것들을 말해요.

미국 플로리다의 한 가정집 지붕을 뚫고 성인 주먹만 한 쇳덩어리가 떨어졌는데, 알고 보니 우주에서 온 쓰레기였대요. 무슨 일일까요?

우주에서 온 쇳덩이

쇳덩이는 마치 포탄이 날아들 듯 천장과 2층 바닥을 뚫고 떨어졌어요. 다행히 사람이 다치지는 않았는데요. 이 쇳덩이는 성인 주먹만 한 크기지만 꽤 무거웠어요. 나중에 알고 보니 쇳덩이의 정체는 3년 전 국제우주정거장(ISS)에서 떨어져 나온 우주 쓰레기였어요! 미 항공우주국(NASA)은 이 쇳덩이가 우주 화물 운반대에 사용된 지지대의 파편이라고 밝혔어요.

왜 지구로 떨어진 걸까?

쇳덩이는 높이 10cm, 지름 4cm 크기로, 인코넬 합금으로 만들어졌으며 무게가 0.7kg 정도였어요. 대부분의 우주 쓰레기는 지구로 떨어질 때 대기권에서 타버리지만, 이 쇳덩이는 그렇지 않고 그대로 떨어졌어요. 미 항공우주국은 이 파편이 왜 타지 않고 지구로 추락했는지 조사하겠다고 발표한 동시에 피해를 입은 가족에게 보상을 약속했어요. 덧붙여 우주 쓰레기로부터 지구를 보호하기 위한 노력도 계속할 것이라고 전했고요. 우주 쓰레기가 갈수록 늘고 있어, 이번처럼 위험천만한 사례도 늘어날 것으로 보여요. 우주 쓰레기에 대한 국제적인 관리와 대처가 필요한 시점이에요.

OX 퀴즈 기사를 읽고 설명이 맞으면 O, 틀리면 X 표시를 해 보세요.

- 인간이 만들지 않은 암석도 우주 쓰레기예요. (   )
- 대부분의 우주 쓰레기는 대기에서 불타 없어져요. (   )

낱말 고르기 기사를 읽고 다음 괄호 안에 들어갈 알맞은 말을 골라 보세요.

미국 플로리다의 한 가정집 지붕을 뚫고 떨어진 쇳덩어리는 3년 전 (국제우주정거장   ,   세종 과학기지   )에서 떨어져 나온 우주 쓰레기였어요. 우주 화물 운반대에 사용된 지지대의 (재료   ,   파편   )이었지요.

어휘 익히기 다음 초성 힌트와 설명을 보고 해당하는 어휘를 적어 보세요.

- ㅍㅍ   깨지거나 부서진 조각.
- ㄷㄱㄱ   지구를 둘러싸고 있는 대기의 범위. 지상 약 1,000km까지를 이른다.
- ㅎㄱ   두 가지 이상의 금속을 녹여서 만든 물질.
- ㅊㄹ   높은 곳에서 떨어짐.

생각 쑥쑥 기사를 읽고 다음 질문에 답해 보세요.

① 보통 우주 쓰레기가 지구로 떨어질 때 어떻게 되나요?

② 기사와 같은 위험을 방지하기 위해 어떤 노력이 필요할까요?

선거 끝! 현수막은 어디로?

> **미리보기 사전**
>
> **현수막**
> 큰 종이 또는 천으로 만든 안내문이에요. 주로 행사, 광고, 공지 등을 알리는 데 사용하며 높은 곳에 걸어 눈에 띄게 해요.

지난 4월 총선 당시 우리는 어디서나 선거 현수막을 발견할 수 있었어요. 선거가 끝난 뒤 이 현수막들은 어떻게 됐을까요?

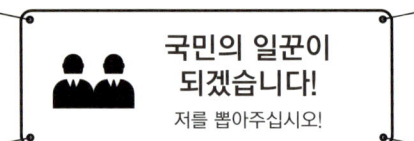

환경을 오염시키는 현수막

선거 기간이 되면 수많은 현수막이 걸려요. 전봇대부터 건물 전체를 감싸는 현수막까지 종류도 다양하죠. 그런데 선거가 끝나면 이 현수막들은 어떻게 될까요? 현수막은 주로 플라스틱 합성 섬유로 만들기 때문에 이를 매립하면 땅이 오염되고, 소각하면 대기가 오염돼요. 기후변화행동연구소에 따르면 1.2kg의 현수막을 소각할 때 6.28kg의 온실가스가 배출된다고 해요. 선거가 끝나면 전국적으로 1,000t(톤) 이상의 현수막이 수거되는데, 이를 처리하는 데 많은 비용과 노력이 드는 셈이에요.

현수막, 꼭 사용해야 하나요?

최근 폐현수막을 에코백 등으로 재활용하는 시도가 많아지고 있지만, 재활용 비율은 25%가 넘지 않아요. 왜냐하면 선거용 현수막에는 후보자의 얼굴과 이름이 적혀 있기 때문이에요. 또 현수막 인쇄용 잉크는 묻어나기 쉽고 일상적으로 사용하기에 안전하지 않아요. 이를 해결하는 가장 간단한 방법은 현수막을 사용하지 않는 거예요. 미국이나 유럽에서는 선거 때 현수막 대신 선거 부스나 SNS를 이용해요. 우리도 이런 방법을 쓰면 환경을 보호하면서 선거를 할 수 있어요. 휴대전화 보급률이 95%인 우리나라에서 SNS를 활용한 유세도 충분히 효과적일 거예요. 폐현수막을 잘 활용하는 것도 중요하지만, 이제는 현수막 사용 자체를 줄이는 노력이 더 필요해요.

OX 퀴즈 기사를 읽고 설명이 맞으면 O, 틀리면 X 표시를 해 보세요.

- 미국이나 유럽에서는 현수막 대신 선거 부스를 이용해요. (   )
- 현수막을 재활용하면 환경 오염 문제를 모두 해결할 수 있어요. (   )

낱말 고르기 기사를 읽고 다음 괄호 안에 들어갈 알맞은 말을 골라 보세요.

최근 폐현수막을 에코백 등으로 재활용하는 시도가 많아지고 있지만, (재활용 , 재판매) 비율은 (25% , 55%)가 넘지 않아요.

어휘 익히기 다음 초성 힌트와 설명을 보고 해당하는 어휘를 적어 보세요.

- ㅁㄹ   우묵한 땅이나 하천, 바다 등을 돌이나 흙 등으로 채움.
- ㅇㅇ   더럽게 물듦. 또는 더럽게 물들게 함.
- ㅅㄱ   불에 태워 없애 버림.
- ㅇㅅㄱㅅ   지구 대기를 오염시켜 온실 효과를 일으키는 가스.

생각 쑥쑥 기사를 읽고 다음 질문에 답해 보세요.

① 현수막을 소각하면 어떤 문제가 발생하나요?

② 현수막 대신 홍보 방법을 SNS로 바꾸면 어떤 장점이 있을까요?

동물 배우를 보호하라!

> **미리보기 사전**
>
> **동물 복지**
> 동물이 배고픔이나 질병 등에 시달리지 않고 행복한 상태에서 살도록 지원하는 정책을 뜻해요.

영화나 드라마에 나오는 귀여운 동물들이 사실은 촬영장에서 고통받고 있을 수도 있어요. 촬영장의 동물들을 보호하기 위한 방법에는 어떤 것이 있을까요?

동물이 안전하게 촬영하는 환경 만들기

미국의 고전 영화 〈벤허〉의 마차 경주 장면을 촬영할 때, 실제로 100마리가 넘는 말이 희생되었다고 해요. 이외에도 여러 영화 촬영장에서 다치거나 죽는 동물들이 많아지고 있어요. 그러자 미국인도주의협회(AHA)는 촬영 지침을 만들어 동물들을 보호하기 시작했어요. 132쪽 분량의 지침에는 동물마다 매우 상세한 기준이 적혀 있지요. 협회 담당자는 촬영장을 방문해 정말 동물이 안전한 환경에서 촬영하는지 감시하고 확인한 후 인증 마크를 부여해요. 관객은 AHA 인증 마크와 '어떤 동물도 다치지 않았다'라는 자막을 통해 촬영 과정에서 동물 학대 여부를 확인할 수 있어요.

우리나라는 어떨까?

우리나라는 아직 영화 촬영에 대한 동물보호법이 부족해요. 관련 협회도 존재하지 않지만, 점차 동물 복지에 대한 의식이 높아지는 추세예요. CG(컴퓨터 그래픽)를 사용해 실제 동물 촬영을 최소화하거나 아예 하지 않는 사례도 늘고 있지요. 한 예로, 2022년과 올해 개봉한 우리나라 영화 〈외계+인〉에 나오는 고양이 '우왕'과 '좌왕'이 바로 CG로 만들어진 고양이랍니다.

OX 퀴즈 기사를 읽고 설명이 맞으면 O, 틀리면 X 표시를 해 보세요.

- 미국 인도주의협회에서 영화 촬영장의 동물들을 보호하기 위한 촬영 지침을 만들었어요. (   )
- 우리나라의 영화 <외계+인>에 나오는 고양이 '우왕'과 '좌왕'은 실제 고양이에요. (   )

낱말 고르기 기사를 읽고 다음 괄호 안에 들어갈 알맞은 말을 골라 보세요.

촬영 지침은 동물마다 매우 상세한 기준이 적혀 있으며, 협회는 담당자가 실제 촬영장을 방문해 정말 동물이 안전한 환경에서 촬영하는지 (감시   ,   지원   )하고 확인한 후에 (인증 숏   ,   인증 마크   )를 부여해요.

어휘 익히기 다음 초성 힌트와 설명을 보고 해당하는 어휘를 적어 보세요.

- ㄱㅌ   몸이나 마음의 괴로움과 아픔.
- ㅎㅅ   어떤 목적을 위해 자신이나 다른 것을 포기하거나 바치는 것.
- ㄱㅅ   단속하기 위해 주의 깊게 살핌.
- ㅂㅇ   나누어 줌.

생각 쑥쑥 기사를 읽고 다음 질문에 답해 보세요.

① 우리나라에서 실제 동물 촬영을 대신해 사용 중인 기술은 무엇인가요?

② ①의 답 외에 동물을 보호하기 위해 또 어떤 기술을 활용하면 좋을까요?

천연기념물 하늘다람쥐가 반가워

> **미리보기사전**
> **천연기념물**
> 특별한 가치가 있어 국가에서 지정하여 법률로 보호하는 동물, 식물, 지형 등의 자연유산을 말해요.

지난 4월 경상북도 영덕군 축산면에 있는 '영명사'라는 사찰에 멸종된 줄 알았던 하늘다람쥐가 나타났어요!

다람쥐인 줄 알았는데 천연기념물!

영명사의 석정 스님은 사찰 앞에 있는 벚나무에서 다람쥐처럼 생긴 동물을 발견하고 사진을 찍었어요. 그런데 알고 보니 이 동물은 다람쥐와 비슷하지만 눈이 더 크고, 귀가 짧은 하늘다람쥐였어요. 하늘다람쥐는 천연기념물 제328호로 지정된 멸종 위기 2급 야생동물이에요. 날개처럼 생긴 익막을 펼쳐 나무와 나무 사이를 날아다니지요. 하늘다람쥐는 귀여운 생김새와 독특한 비행 능력 덕분에 2020년 '국민이 가장 좋아하는 국립공원 대표 야생동물'로 선정되기도 했어요.

하늘다람쥐가 멸종 위기인 이유

하늘다람쥐는 주로 오래된 숲속의 나무 구멍을 둥지 삼아 살아가요. 때문에 숲이 사라지면 살 수 없어요. 그런데 무분별한 벌목으로 하늘다람쥐의 서식지가 줄어들자 개체 수가 감소하여 멸종 위기 2급으로 분류되었어요. 하늘다람쥐는 산림 생태계의 건강을 알 수 있는 지표가 되어 주는 동물이에요. 하늘다람쥐의 발견은 우리가 자연환경을 더 잘 보존해야 할 필요성을 깨닫게 해 준 반가운 계기였어요. 앞으로 더 많은 하늘다람쥐를 볼 수 있길 바라요.

OX 퀴즈 기사를 읽고 설명이 맞으면 O, 틀리면 X 표시를 해 보세요.

- 하늘다람쥐는 천연기념물이자 멸종 위기 2급 야생동물이에요. (   )
- 하늘다람쥐는 날개처럼 생긴 익막을 펼쳐 나무와 나무 사이를 날아다녀요. (   )

낱말 고르기 기사를 읽고 다음 괄호 안에 들어갈 알맞은 말을 골라 보세요.

하늘다람쥐는 무분별한 (벌목   ,   식목   )으로 서식지가 줄어들자 개체 수가 감소하여 멸종 위기 2급으로 분류되었어요.

어휘 익히기 다음 초성 힌트와 설명을 보고 해당하는 어휘를 적어 보세요.

- ㅁ ㅈ   생물의 한 종류가 아주 없어짐.
- ㅇ ㅁ   조류를 제외한 비행을 하는 동물의 앞다리, 몸 쪽, 뒷다리에 걸쳐서 피부의 주름으로 형성된 막.
- ㅂ ㅁ   숲의 나무를 벰.
- ㅅ ㅅ ㅈ   동식물들이 자리를 잡고 사는 곳.

생각 쑥쑥 기사를 읽고 다음 질문에 답해 보세요.

① 특별한 가치가 있어 국가에서 지정하여 법률로 보호하는 자연유산을 무엇이라고 하나요?

② 더 많은 하늘다람쥐를 보려면 우리가 어떤 노력을 기울여야 할까요?

음악으로 만나는 기후 데이터

미리 보기 사전

기후 데이터
온도, 강수량, 풍속, 습도 등 기후와 관련된 다양한 정보를 모은 자료를 말해요.

기후 변화에 대한 경고는 자주 듣지만 그 심각성을 제대로 못 느끼는 경우가 많아요. 과학자들은 특별한 방법으로 기후 변화의 심각성을 전하기로 했다는데, 어떤 방법일까요?

기후 데이터로 작곡한 특별한 교향곡

기후 변화 데이터를 활용해서 특별한 음악을 만든 사람이 있어요. 바로 일본 릿쇼대 지구환경과학과 나가이 히로토 교수님이에요. 나가이 교수 연구팀은 그린란드, 노르웨이, 북극과 남극에서 30년 동안 수집한 기후 데이터를 소리로 변환한 다음, 이를 현악 4중주곡으로 작곡했어요. 바이올린과 비올라, 첼로가 합주한 아름다운 이 곡의 제목은 '현악 4중주 No.1 극지 에너지 수지'로, 유튜브에서 음악을 감상할 수 있어요.

멜로디 속의 기후 변화 경고

나가이 교수님이 이 곡을 만든 이유는 기후 변화의 심각성을 더 잘 이해하도록 돕기 위해서예요. 감정을 움직이는 음악을 통해, 사람들이 북극과 남극에서 일어나는 기후 변화를 더 생생히 느낄 수 있도록 고안한 것이죠. 교수님은 "이번 시도가 고도화된 데이터를 예술 작품으로 만드는 중요한 시작점이 되길 바란다."고 전했어요. 우리나라에서도 비슷한 시도가 있었어요. 지난해 카이스트 연구팀이 인공지능을 이용해 비발디의 '사계'를 재창작한 거예요. 이 곡은 2050년 대전의 기후 데이터를 예측해 만든 것으로, 어둡고 불규칙한 분위기가 기후 변화의 심각성을 표현하고 있어요.

OX 퀴즈 기사를 읽고 설명이 맞으면 O, 틀리면 X 표시를 해 보세요.

- 나가이 교수는 미국과 영국에서 수집한 데이터를 사용해 음악을 만들었어요. (   )
- '현악 4중주 No.1 극지 에너지 수지'는 피아노로 연주하는 곡이에요. (   )

낱말 고르기 기사를 읽고 다음 괄호 안에 들어갈 알맞은 말을 골라 보세요.

이 곡을 만든 이유는 기후 변화의 (심각성   ,   편리성   )을 더 잘 이해하도록 돕기 위해서예요. (감정   ,   몸   )을 움직이는 음악을 통해 기후 변화를 더 생생히 느낄 수 있도록 한 거죠.

어휘 익히기 다음 초성 힌트와 설명을 보고 해당하는 어휘를 적어 보세요.

- ㅅㅈ   필요한 것을 모으는 것.
- ㅂㅎ   다르게 하여 바꿈.
- ㅈㄱ   음악 작품을 창작하는 일.
- ㅎㅇ   바이올린, 첼로, 비올라 등의 현악기로 연주하는 음악.

생각 쑥쑥 기사를 읽고 다음 질문에 답해 보세요.

① 나가이 교수 연구팀이 만든 음악의 제목은 무엇인가요?

② 기후 변화의 심각성을 알리기 위해 또 어떤 작품을 만들면 효과적일까요?

기후 변화로 밥상 물가가 휘청

> **미리 보기 사전**
> **기후플레이션**
> '기후'와 '인플레이션'을 합친 말로, 기후 변화로 농작물 생산이 감소해 식료품의 가격이 오르는 현상을 의미해요.

최근 올리브유, 초콜릿, 커피원두 가격이 많이 올랐다는 소식이 들려와요. 기후 변화가 원인이라는데, 기후와 식료품 가격이 어떤 연관이 있을까요?

올리브유, 왜 비싸진 걸까?

세계 최대 올리브유 생산국인 스페인은 올해 극심한 폭염과 가뭄을 겪었어요. 이로 인해 올리브 수확량이 절반으로 줄자 국제 올리브유 가격이 사상 최고치를 기록했지요. 작년 1분기에 톤(t)당 5,626달러였던 올리브유 가격은 올해 1분기에 1만 88달러로 거의 두 배 가까이 올랐어요. 상황이 이렇다 보니 국내 식품 회사들도 올리브유 가격을 30% 이상 인상했어요.

초콜릿, 커피도 비상!

기후 변화는 올리브유뿐만 아니라 다른 식료품 가격에도 큰 영향을 미쳐요. 초콜릿의 원료인 카카오와 인스턴트 커피에 주로 사용되는 로부스타 원두의 가격도 크게 올랐어요. 카카오와 로부스타 원두의 작황 부진도 극심한 가뭄 탓이에요. 기후 변화로 농작물의 생산량이 줄면 그에 따라 식재료의 가격이 오르는 '기후플레이션'이 나타나요. 우리 밥상 물가를 올리는 원인이지요. 정부가 물가 안정을 위해 노력하고 있지만, 기후 변화로 인한 원재료 가격 상승은 해결될 기미가 안 보여요. 앞으로 우리는 기후 변화가 일상생활에 어떤 영향을 미치는지 더 주의 깊게 살펴봐야 해요.

OX 퀴즈 기사를 읽고 설명이 맞으면 O, 틀리면 X 표시를 해 보세요.

- 스페인은 올리브유를 전혀 생산하지 않는 나라예요. (   )
- 정부는 기후 변화로 인한 원재료 가격 상승을 쉽게 해결할 수 있어요. (   )

낱말 고르기 기사를 읽고 다음 괄호 안에 들어갈 알맞은 말을 골라 보세요.

기후 변화로 농작물의 (생산량   ,   판매량   )이 줄면 그에 따라 식품 가격이 오르는 '기후플레이션'이 나타나요. 이는 우리 밥상 (반찬   ,   물가   )를 올리는 원인이 돼요.

어휘 익히기 다음 초성 힌트와 설명을 보고 해당하는 어휘를 적어 보세요.

- ㅍㅇ 매우 심하게 더운 날씨.
- ㄱㅁ 오랫동안 비가 내리지 않아 메마른 날씨.
- ㅈㅎ 농작물이 잘되고 못된 상황.
- ㅂㅈ 어떤 일이 이루어지는 기세나 힘 등이 활발하지 아니함.

생각 쑥쑥 기사를 읽고 다음 질문에 답해 보세요.

① 기후 변화로 최근 어떤 식품들의 가격이 올랐나요?

② 기후 변화로 설탕의 가격도 올랐다고 해요. 설탕 가격이 오르면 어떤 일이 벌어질까요?

만능 쓰레기통이 아니에요

> **미리보기 사전**
> **쓰레기 종량제 봉투**
> 쓰레기 배출을 줄이고 재활용을 잘하게 돕기 위해 돈을 내고 사서 쓰는 특별한 쓰레기 봉투예요.

모든 쓰레기를 종량제 봉투에 넣어서 버리는 경우가 많아요. 이렇게 하면 재활용할 수 있는 자원을 낭비하고, 쓰레기 처리 비용이 늘어나 악순환이 계속돼요.

쓰레기 종량제 봉투, 제대로 사용하고 있을까?

페트병, 캔, 음식물까지 모든 종류의 쓰레기를 종량제 봉투에 넣어 버리는 경우가 많아요. 종량제

봉투에는 재활용이 안 되는, 불에 타는 쓰레기만 넣어야 해요. 휴지, 종이컵, 음식물 쓰레기 중 먹을 수 없는 과일 껍질과 동물 뼈 같은 것들 말이죠. 서울시 마포구의 조사 결과, 종량제 봉투에 제대로 담긴 쓰레기는 20%에 불과하고, 나머지는 음식물 쓰레기나 재활용 가능한 것들이 대부분이라고 해요. 종량제 봉투에 재활용품을 넣으면 소각하는 과정이 어렵고 시간이 오래 걸려 처리 비용이 증가해요. 쓰레기 처리 효율이 매우 떨어진답니다.

올바르게 사용하지 않으면 가격 올라

쓰레기 처리 비용은 배출자가 부담하는 것이 원칙이에요. 하지만 현재 종량제 봉투 판매 수익은 전체 처리 비용의 60%만 담당하고, 40%는 세금으로 충당하고 있어요. 적게 버리는 사람이 많이 버리는 사람의 처리 비용을 대신 부담하는 셈이에요. 이 문제를 해결하려면 종량제 봉투의 가격을 현실화해야 해요. 실제로 마포구는 종량제 봉투 가격을 올리는 조례안을 통과시켰어요. 종량제 봉투 가격을 인상하면 사람들이 종량제 봉투를 올바르게 써, 쓰레기 처리 비용을 절감할 수 있을 거예요.

OX 퀴즈 기사를 읽고 설명이 맞으면 O, 틀리면 X 표시를 해 보세요.

- 종량제 봉투에는 모든 종류의 쓰레기를 넣어도 돼요. (   )
- 쓰레기 처리 비용은 배출자가 부담하는 것이 원칙이에요. (   )

낱말 고르기 기사를 읽고 다음 괄호 안에 들어갈 알맞은 말을 골라 보세요.

현재 종량제 봉투 (판매   ,   기부   ) 수익은 전체 처리 비용의 60%만 충당하고, 나머지 40%는 (세금   ,   기부금   )으로 충당하고 있어요. 적게 버리는 사람이 많이 버리는 사람의 처리 비용을 대신 부담하는 셈이에요.

어휘 익히기 다음 초성 힌트와 설명을 보고 해당하는 어휘를 적어 보세요.

- ㅂㅊ   물질이나 에너지를 밖으로 내보내는 것.
- ㄴㅂ   시간이나 재물 등을 헛되이 헤프게 씀.
- ㅊㄷ   모자라는 것을 채워 메움.
- ㅈㄱ   비용이나 자원을 아껴서 줄임.

생각 쑥쑥 기사를 읽고 다음 질문에 답해 보세요.

① 종량제 봉투를 올바르게 사용하면 쓰레기 처리 비용이 어떻게 될까요?

② 우리집은 분리수거를 어떻게 하고 있는지 암행어사가 되어 잘못된 부분을 찾아 보세요.

석탄 발전소 폐쇄한다더니….

> **미리보기 사전**
> **G7(Group of Seven)**
> 미국·영국·프랑스·독일·이탈리아·캐나다·일본 등 주요 7개국을 가리키는 말이에요.

G7 국가들이 2035년까지 석탄 발전소를 모두 없애기로 했어요. 하지만 미국은 석탄 발전소 폐쇄를 연기했어요. 왜일까요?

유용하지만 위험한 석탄

석탄은 뜨거운 열을 내는 화석 연료예요. 이 열로 물을 끓여서 증기를 만들고, 그 증기로 전기를 만들죠. 이렇게 만들어진 전기는 우리 생활 전반에 쓰이지만 석탄을 태울 때 나오는 연기와 가스는 지구 온난화를 일으키고, 미세먼지는 우리 몸을 아프게 해요. 석탄을 지속해서 사용하면 이러한 문제들이 더욱 심각해져요. 그래서 G7 나라들이 석탄 발전소를 단계적으로 없애는 일을 논의했어요.

그 약속을 못 지킨다고요?

지난 4월 G7은 2035년까지 모든 석탄 발전소를 폐쇄하기로 합의했어요. 하지만 이 약속을 지키는 일이 쉽진 않을 전망이에요. 독일과 일본은 여전히 많은 전기를 석탄 발전소에서 얻고 있거든요. 미국도 인공지능과 암호화폐 채굴 같은 신산업이 발전하면서 많은 전기가 필요해진 탓에 석탄 발전소를 바로 폐쇄하기 어려운 상황이에요. 그래서 미국은 한 달 만에 석탄 발전소 폐쇄 계획을 연기했어요. 석탄을 사용하지 않으면 전기를 만드는 데 더 많은 비용이 들지만, 이는 지구를 지키기 위해 꼭 필요한 일이에요. 석탄 발전소를 대체할 에너지를 확보하는 방안도 마련되어야 해요.

OX 퀴즈 기사를 읽고 설명이 맞으면 O, 틀리면 X 표시를 해 보세요.

- G7은 2050년까지 모든 석탄 발전소를 폐쇄하기로 합의했어요. (   )
- 미국은 인공지능과 암호화폐 채굴로 인해 전기 수요가 증가하고 있어요. (   )

낱말 고르기 기사를 읽고 다음 괄호 안에 들어갈 알맞은 말을 골라 보세요.

G7 나라들이 과감하게 (석탄 발전소   ,   원자력 발전소   )를 없애기로 했지만 약속을 지키는 게 쉽진 않을 전망이에요.

어휘 익히기 다음 초성 힌트와 설명을 보고 해당하는 어휘를 적어 보세요.

- ㅍㅅ   기관이나 시설을 없애거나 기능을 정지함.
- ㅇㄴㅎ   지구의 기온이 높아지는 현상.
- ㅊㄱ   자원 등을 캐냄.
- ㅇㄱ   어떤 일을 예정된 시기보다 늦추는 것.

생각 쑥쑥 기사를 읽고 다음 질문에 답해 보세요.

① G7이 단계적으로 폐쇄하기로 합의한 시설은 무엇인가요?

② 이를 폐쇄하면 어떤 나라가 불이익을 받거나 반발하게 될까요?

비행 중 만나는 난기류가 무서워

> **미리보기사전**
> **난기류**
> 공기가 불규칙하게 움직이는 현상으로, 비행기가 이를 만나면 심하게 흔들려요.

최근 비행기 난기류 사고가 자주 발생하고 있어요. 특히 구름이 없는 맑은 하늘에서도 난기류가 생기는 '청천난류'가 문제 되고 있어요.

난기류라는 불청객

난기류는 다양한 이유로 발생하는데, 천둥 번개를 동반한 비로 인해 공기의 흐름이 불규칙해져서 생기는 경우가 많아요. 그래서 특히 여름철에 난기류가 많이 발생하죠. 비 때문에 발생하는 난기류는 기상 관측을 통해 어느 정도 피할 수 있어요. 문제는 '청천난류'예요. 청천난류는 비행기가 빠른 제트기류와 느린 제트기류 사이를 날 때 발생해요. 구름이나 비와 상관없이 발생하기 때문에 이를 예측하기가 몹시 어려워요.

기후 변화 때문에 더 심각해져

영국 레딩대학교 대기학과의 연구에 따르면 극심한 난기류의 발생 빈도가 가파르게 증가하고 있으며, 앞으로 청천난류가 더 많이 발생할 거라고 해요. 지구가 뜨거워질수록 대기 중의 수증기가 증가하고 대류 활동이 활발해져, 난기류가 더 많이 발생하기 때문이에요. 한반도 주변에서도 기후 변화로 청천난류가 많이 발생해요. 서울대 지구환경과학부 김정훈 교수에 따르면 동아시아 상공의 제트기류 때문에 우리나라에서 태평양으로 향하는 비행 중 난기류를 만날 가능성이 높다고 해요. 항공기상청은 나래 웨더 사업을 통해 난기류를 더 정확히 예보할 수 있도록 준비하고 있어요.

OX 퀴즈 기사를 읽고 설명이 맞으면 O, 틀리면 X 표시를 해 보세요.

- 난기류는 비가 올 때만 생기는 현상이에요. (   )
- 난기류는 여름철보다 겨울철에 더 많이 발생해요. (   )

낱말 고르기 기사를 읽고 다음 괄호 안에 들어갈 알맞은 말을 골라 보세요.

(청천난류   ,   한류   )는 비행기가 빠른 제트기류와 느린 제트기류 사이를 날 때 발생해요. 구름이나 비와 상관없이 발생하기 때문에 피하기가 몹시 어려워요.

어휘 익히기 다음 초성 힌트와 설명을 보고 해당하는 어휘를 적어 보세요.

- ⓑ ⓖ ⓒ   규칙에서 벗어나 있거나 규칙이 없음.
- ⓢ ⓩ ⓖ   기체 상태로 된 물.
- ⓓ ⓡ   기체나 액체에서 물질이 이동함으로써 열이 전달되는 현상.
- ⓢ ⓖ   어떤 지역의 위에 있는 공중.

생각 쑥쑥 기사를 읽고 다음 질문에 답해 보세요.

① 공기가 불규칙하게 움직이는 현상을 뭐라고 하나요?

② 비행기 탑승 중 청천난류를 만나면 어떻게 대응해야 할까요?

사막 웅덩이 속 희귀한 물고기

> **미리보기사전**
>
> **데블스 홀 펍피시**(학명 Cyprinodon diabolis)
> 미국 데스밸리 사막의 데블스 홀에 사는 작은 물고기로, 멸종 위기였다가 최근 개체 수가 늘어난 희귀종이에요.

사막의 뜨거운 물속에서 살아남은 작은 물고기 '데블스 홀 펍피시'를 소개할게요. 이 작은 물고기는 멸종 위기를 극복해 내어 많은 사람들의 관심을 받고 있어요.

펍피시가 사는 데블스 홀

데블스 홀 펍피시는 미국 네바다주의 데스밸리 사막에 있는 작은 웅덩이에 살고 있어요. '데블스 홀'이라 불리는 이 웅덩이는 수온이 34℃나 되고 산소도 거의 없어요. 하지만 이곳에서 데블스 홀 펍피시는 최소 1만 년 동안 살아왔어요. 2014년에 개체 수가 35마리까지 줄었지만, 과학자들이 사료를 보충하고 환경을 개선하면서 현재는 263마리까지 개체 수가 늘었죠. 이 물고기는 근친교배가 심해서 유전적 다양성이 부족해 환경 변화나 질병에 취약한 편이에요. 과학자들은 펍피시의 생존을 위해 다양한 노력을 기울이고 있지만 여전히 많은 어려움이 있어요.

계속되는 생존의 위협

데블스 홀 펍피시의 생존을 위협하는 또 다른 요소는 기후 변화예요. 기후 변화로 사막의 환경이 더 빨리, 극단적으로 변하고 있거든요. 더운 날씨와 가뭄이 지속되면 웅덩이의 물이 빠르게 증발해 펍피시의 서식지는 더욱 좁아질 거예요. 게다가 최근 데블스 홀 주변에 태양광 발전소가 들어서, 물 사용량이 급격히 증가할 것으로 예상돼요. 과학자들은 펍피시를 따로 사육해 보존하는 동시에 야생에서 멸종하는 사태에 대비하고 있어요.

OX 퀴즈   기사를 읽고 설명이 맞으면 O, 틀리면 X 표시를 해 보세요.

- 데블스 홀 펍피시는 사막의 작은 웅덩이에 사는 물고기예요. (   )
- 펍피시는 근친교배로 유전적 다양성이 풍부해요. (   )

낱말 고르기   기사를 읽고 다음 괄호 안에 들어갈 알맞은 말을 골라 보세요.

'데블스 홀'이라 불리는 이 웅덩이는 수온이 (14℃   ,   34℃   )나 되고 산소도 거의 없어요.
하지만 이곳에서 데블스 홀 펍피시는 최소 (1만 년   ,   1년   ) 동안 살아왔어요.

어휘 익히기   다음 초성 힌트와 설명을 보고 해당하는 어휘를 적어 보세요.

- ㅅ ㅁ   강수량이 적어서 식생이 적고, 인간의 활동도 제약되는 지역.
- ㄱ ㅊ   하나의 독립된 생물체.
- ㅅ ㅇ   물의 온도.
- ㅅ ㅈ   살아 있음. 또는 살아남음.

생각 쑥쑥   기사를 읽고 다음 질문에 답해 보세요.

① 펍피시의 개체 수가 2014년에 몇 마리까지 줄어들었나요?

② 펍피시 보호를 위해 태양광 발전소는 인근 주민들과 어떤 약속을 하면 좋을까요?

재활용 플라스틱 자전거의 탄생

> **미리보기사전**
>
> **지속 가능성**
> 자연이 다양성과 생산성을 유지하고, 생태계를 균형있게 유지할 수 있게 연구하는 것을 말해요. 최근 많은 기업들이 환경 문제를 해결하기 위해 지속 가능성에 주목하고 있어요.

플라스틱으로 만든 자전거가 새롭게 출시됐어요. 이 자전거는 재활용 플라스틱으로 만들어서 환경 보호에 큰 도움이 된대요!

지속 가능한 자전거

네덜란드의 자전거 제조사인 메테리얼 바이크와 독일의 이구스가 협력해 재활용 플라스틱 자전거를 개발했어요. 이 자전거는 92%가 플라스틱으로 만들어졌고, 그중 절반은 재활용 플라스틱 폐기물을 활용한 거예요. 녹에 강하고 기름이 필요 없어 유지 관리가 용이한데다, 자전거의 수명이 다한 뒤에는 또 재활용할 수 있어 자원 낭비를 줄일 수 있어요. 이렇게 지속 가능성이 높은 자전거는 앞으로 더 많은 자전거 제조사들에게 영감을 줄 것으로 기대돼요.

환경을 지키는 자전거의 또 다른 장점

이 자전거의 또 다른 장점은 생산 과정에서 100% 재생 가능 에너지를 사용해 탄소 배출량을 최소화했다는 점이에요. 회사는 재활용 플라스틱 부품의 양을 75%까지 늘리기 위해 연구개발에 많은 투자를 하고 있어요. 궁극적으로는 완전히 플라스틱 폐기물로만 만드는 것을 목표로 한답니다. 이 자전거의 무게는 약 16kg로, 가벼우면서도 튼튼해요. 라이더가 코너링을 더 쉽게 하도록 핸들의 조향 각도를 늘렸고, 프리휠을 포함시켜 페달을 밟지 않고도 바퀴가 회전하죠. 이처럼 기술적 혁신이 더해진 플라스틱 자전거는 폐기물을 줄이고, 지속 가능한 이동 수단을 제공함으로써 지구를 지키는 데 큰 역할을 하고 있어요.

OX 퀴즈 기사를 읽고 설명이 맞으면 O, 틀리면 X 표시를 해 보세요.

- 재활용 플라스틱 자전거는 유지 관리가 불편해요. (   )
- 플라스틱 자전거는 생산 과정에서 100% 재생 가능 에너지를 사용해 탄소 배출량을 최소화했어요. (   )

낱말 고르기 기사를 읽고 다음 괄호 안에 들어갈 알맞은 말을 골라 보세요.

이 자전거는 92%가 플라스틱으로 만들어졌고, 그중 절반은 재활용 플라스틱 폐기물을 활용한 거예요. (녹 , 불)에 강하고 (기름 , 충전)이 필요 없어 유지 관리가 용이해요.

어휘 익히기 다음 초성 힌트와 설명을 보고 해당하는 어휘를 적어 보세요.

- ㅈㅅ   어떤 상태가 오래 계속됨.
- ㄱㅎ   어느 한쪽으로 기울거나 치우치지 아니하고 고른 상태.
- ㅍㄱㅁ   못 쓰게 되어 버리는 물건.
- ㅎㅅ   묵은 관습, 방법 등을 완전히 바꾸어서 새롭게 함.

생각 쑥쑥 기사를 읽고 다음 질문에 답해 보세요.

① 재활용 플라스틱 자전거의 무게는 약 몇 kg인가요?

② 재활용 플라스틱 자전거를 갖고 싶다면 그 이유를 써 보세요.

기후도 소송을 한다고요?

> **미리 보기 사전**
> **기후 소송**
> 지구의 기후 변화에 제대로 대응하지 않는 정부와 기업을 상대로 시민들이 제기하는 소송이에요.

1986년부터 지금까지 세계 51개 국가에서 2,340건의 기후 소송이 제기되었어요. 우리나라에서도 지난 4월 23일 헌법재판소에서 첫 기후 소송 공개 변론이 시작되었고요. 그런데 기후 소송이 무엇일까요?

국가에 기후 변화 책임을 묻다

세계 곳곳에서 기후 소송이 더 많이 제기되고 있어요. 2000년대 초반까지는 기후 소송이 매우 드물었지만, 2015년 파리기후변화협약 체결 이후 크게 증가했어요. 특히 2019년 네덜란드의 환경단체 위르헨다가 네덜란드 정부에 기후 변화 대응 책임을 물으며 승소한 사례는 많은 나라에 영향을 주었고, 이후 여러 나라가 각국 정부를 상대로 승소한 사례가 늘어났어요. 이러한 결과들은 정부가 기후 변화에 더 적극적으로 대응하는 촉매 역할을 해요.

동아시아 최초의 기후 소송 중

우리나라에서도 최근 기후 소송이 진행되고 있어요. 이 소송은 영유아, 청소년, 시민단체 등이 정부의 기후 변화 대응이 부족해 건강한 환경에서 살 권리를 침해한다고 주장하는 내용이에요. 이 기후 소송이 주목받는 이유는 동아시아에서 정부의 기후 정책에 이의를 제기한 최초의 사례이기 때문이에요. 일본 교토기후적응센터는 "한국의 기후 소송 결과가 아시아를 비롯한 전세계 기후 운동가들에게 영감을 줄 것."이라며 기대감을 표했어요. 이런 기후 소송은 단순히 법적 판결에 그치지 않고 기후 변화에 대한 사회적 인식을 높이며, 정부와 기업이 책임 있게 행동하도록 해요.

OX 퀴즈 기사를 읽고 설명이 맞으면 O, 틀리면 X 표시를 해 보세요.

- 지금까지 세계 51개 국가에서 2,340건의 기후 소송이 제기되었어요. (   )
- 2015년 파리기후변화협약 체결 이후 기후 소송이 증가했어요. (   )

낱말 고르기 기사를 읽고 다음 괄호 안에 들어갈 알맞은 말을 골라 보세요.

우리의 기후 소송이 주목받는 이유는 (동아시아   ,   유럽   )에서 정부의 기후 정책에 이의를 제기한 (최초   ,   최악   )의 사례이기 때문이에요.

어휘 익히기 다음 초성 힌트와 설명을 보고 해당하는 어휘를 적어 보세요.

- ㄷㅇ   어떤 일이나 사태에 맞춰 태도나 행동을 취함.

- ㅅㅅ   재판에 의해 원고와 피고 사이의 권리나 의무 등을 확정해 줄 것을 법원에 요구함.

- ㅅㅅ   소송에서 이기는 일.

- ㅊㅁ   어떤 일을 유도하거나 변화시키는 일 등을 이르는 말.

생각 쑥쑥 기사를 읽고 다음 질문에 답해 보세요.

① 동아시아 최초로 정부의 기후 정책에 이의를 제기한 나라는?

② 기후 소송에서 패소한 각국 정부가 가장 먼저 해야 할 일은 무엇일까요?

바다에 빠지면 쏙 사라지는 포장재

미리보기사전

생분해성
자연에서 미생물에 의해 분해되어 사라지는 성질을 말해요. 최근 많은 연구자들이 환경 보호를 위해 생분해성 소재를 개발하고 있어요.

KAIST(카이스트)와 연세대 연구팀이 바다에서 최대 82%까지 생분해되는 친환경 포장재를 개발했어요. 이 포장재는 환경에 어떤 도움이 될까요?

친환경 포장재의 탄생

우리가 흔히 사용하는 종이 포장재는 물에 약하고 잘 찢어지는 단점이 있어, 폴리에틸렌 같은 코팅재를 주로 사용해 만들어요. 그런데 이런 코팅재는 분해되지 않아 환경에 해로워요. 이를 해결하기 위해 KAIST와 연세대 연구팀이 생분해성 플라스틱인 '폴리비닐알코올'에 붕산을 결합한 필름을 개발했어요. 연구팀은 이 필름을 종이에 코팅했을 때 물과 산소가 차단되고, 바다에서 59%에서 최대 82%까지 생분해된다는 사실을 확인했어요. 또 쥐를 대상으로 한 생체 반응 실험에서도 이 코팅 종이가 안전하다는 사실을 확인했지요.

생분해 포장재가 중요한 이유

분해되지 않는 미세플라스틱은 해양 생태계를 파괴해 환경을 오염시켜요. 하지만 새로운 종이 포장재는 바다에 미세플라스틱을 남기지 않아 환경 보호에 도움이 돼요. KAIST 명재욱 교수는 "지속 가능성을 유지하면서도 패키징 성능을 향상할 수 있는 종이 패키징 코팅 전략을 제시했다."라고 말하며, "해양 환경에서도 미세플라스틱을 남기지 않는 소재로, 상용화를 위해 기업과 기술 제휴를 추진할 계획."이라고 밝혔어요. 앞으로 이 포장재가 널리 쓰이면 바다를 더 깨끗하게 만들 수 있을 거예요.

OX 퀴즈 기사를 읽고 설명이 맞으면 O, 틀리면 X 표시를 해 보세요.

- KAIST와 연세대 연구팀이 생분해되는 포장재를 개발했어요. (　　　)
- 분해되지 않는 미세플라스틱은 해양 생태계를 파괴해 환경을 오염시켜요. (　　　)

낱말 고르기 기사를 읽고 다음 괄호 안에 들어갈 알맞은 말을 골라 보세요.

연구팀은 이 필름을 종이에 (코팅 , 복사)했을 때 물과 산소가 차단되고, 바다에서도 59%에서 최대 82%까지 (생분해 , 재생산)된다는 사실을 확인했어요.

어휘 익히기 다음 초성 힌트와 설명을 보고 해당하는 어휘를 적어 보세요.

- ㅁㅅㅁ　눈으로는 볼 수 없는 아주 작은 생물, 세균 등을 이르는 말.
- ㅂㅎ　여러 부분이 결합된 것을 낱낱으로 나눔.
- ㅂㅅ　무색무취에 광택이 나는 비늘 모양의 결정으로, 더운물에 잘 녹는다.
- ㅍㅈㅈ　포장하는 데 쓰는 재료.

생각 쑥쑥 기사를 읽고 다음 질문에 답해 보세요.

① 일반적인 종이 포장재의 단점은 무엇인가요?

② 생분해성 포장재의 상용화를 위해 어떤 제도가 만들어지면 좋을까요?

벌레 떼 습격에서 살아남기

> **미리보기 사전**
>
> **이상기후**
> 기온이나 강수량 등이 정상적인 상태를 벗어나는 현상을 말해요.

올여름 기온이 예년보다 빨리 높아지면서 벌레들의 출현이 빨라지고 있어요. 벌레 떼로 인해 사람들이 겪는 불편함도 늘어나고 있지요. 벌레 문제, 어떻게 해결할 수 있을까요?

이상기후로 늘어난 벌레들

지난 5월 서울 성수동에서 동양하루살이 떼가 가로등 밑을 점령한 모습이 촬영됐어요. 서울 지하철 벽면이 하루살이 떼로 가득 찬 모습이 발견되기도 했죠. 이런 현상은 이상기후로 인해 벌레들의 활동 시기가 앞당겨진 결과예요. 국민권익위원회에 따르면 모기, 날파리, 참진드기 등 다양한 벌레들이 일찍 나타나면서 최근 벌레 관련 민원이 급증했다고 해요. 전문가들은 온도와 습도가 올라가면 벌레들이 활동하기 좋은 조건이 되며, 날이 더워지고 비가 더 많이 올수록 곤충의 개체 수도 늘어날 거라고 전했어요.

벌레 퇴치로 골머리 앓는 시민들

벌레가 많아지면 우리도 일상 생활에서 큰 불편을 겪어요. 모기 때문에 캠핑을 취소하거나 야외 스포츠 경기 관람을 포기하는 사례처럼요. 이에 시민들은 가정용 포충기를 구입하거나 방충망을 교체하는 등 다양한 방법으로 벌레를 피하고 있어요. 서울시와 환경부는 빛에 이끌리는 동양하루살이의 습성을 이용해 조명 보트를 띄워 방제하는 방안을 연구 중이에요. 하지만 전문가들은 "동양하루살이가 사람에게 직접적인 피해를 주지 않고, 물고기와 새의 먹이가 되기 때문에 오히려 생태계 균형에 도움을 준다."며, "곤충이 생태계에 긍정적인 역할을 하는 점도 고려해야 한다."고 강조했어요.

OX 퀴즈 기사를 읽고 설명이 맞으면 O, 틀리면 X 표시를 해 보세요.

- 동양하루살이는 사람에게 직접적인 피해를 주지 않아요. (　　)
- 기온과 습도가 올라가면 곤충의 개체 수가 줄어들 거예요. (　　)

낱말 고르기 기사를 읽고 다음 괄호 안에 들어갈 알맞은 말을 골라 보세요.

전문가들은 온도와 습도가 (　올라가면　,　내려가면　) 벌레들이 활동하기 좋은 조건이 되며, 날이 더워지고 비가 더 많이 올수록 곤충의 (　개체 수　,　수명　)도 늘어날 거라고 전했어요.

어휘 익히기 다음 초성 힌트와 설명을 보고 해당하는 어휘를 적어 보세요.

- ㅈㄹ　　어떤 장소를 차지하여 자리를 잡음.
- ㅁㅇ　　주민이 행정 기관에 원하는 바를 요구하는 일.
- ㅍㅊㄱ　해충을 잡는 데 사용하는 기구.
- ㅂㅈ　　병충해를 예방하거나 해충을 없앰.

생각 쑥쑥 기사를 읽고 다음 질문에 답해 보세요.

① 무엇 때문에 벌레들의 활동 시기가 앞당겨졌나요?

② 나만의 벌레 퇴치 방법이 있다면 소개해 보세요.

맹그로브 푸딩으로 지역 경제가 활짝!

> **미리보기 사전**
>
> **맹그로브(Mangrove)**
> 열대 지역의 해안가에서 자라며, 홍수 조절 및 침식 방지 등의 기능을 해 해안을 보호하고, 해양 생물에게 집이 되어주는 나무예요.

인도네시아 대학생들이 맹그로브 나무를 이용한 간식을 개발해 '2024 KT&G 국제 대학생 창업교류전'에서 대상을 받았어요. 자세한 내용을 알아볼까요?

맛있고 건강한 맹그로브 간식

인도네시아의 대학생 여섯 명으로 구성된 3팀은 맹그로브 나무의 잎과 열매로 푸딩을 만들어 판매했어요. 맹그로브 잎에 항산화 성분과 식이섬유가 풍부하다는 점을 이용해 맛있고 건강한 간식을 만든 거예요. 푸딩이 성별·나이와 상관없이 많은 사람들이 즐길 수 있는 간식이라는 점도 고려했지요. 이 아이디어는 '2024 KT&G 국제 대학생 창업교류전'에서 대상을 받았어요. 인도네시아 3팀은 직접 만든 푸딩을 심사위원들과 참가자들에게 나눠 주어 큰 호응을 얻었답니다.

지역 경제 활성화에 큰 도움

인도네시아 3팀의 아이디어는 단순히 맛있는 간식을 만든 것에서 그치지 않아요. 지역 경제 활성화에도 도움이 되는데요. 맹그로브 푸딩이 널리 판매되어 맹그로브 가공과 관련된 직업이 늘어나면, 지역 주민들에게도 새로운 교육 기회가 생겨날 거예요. 나스룰로 팀장은 "맹그로브의 중요성을 널리 알리고, 다양한 직업을 만들고 싶다."고 말했어요. 심사위원 역시 이들의 노력을 높이 평가했지요. 인도네시아 3팀은 대상과 함께 상금 2,000달러를 받았다고 해요.

OX 퀴즈 기사를 읽고 설명이 맞으면 O, 틀리면 X 표시를 해 보세요.

- 맹그로브 나무는 해양 생물에게 집이 되지 않아요. (   )
- 인도네시아 3팀은 맹그로브 나무를 이용한 간식을 개발해 대상을 받았어요. (   )

낱말 고르기 기사를 읽고 다음 괄호 안에 들어갈 알맞은 말을 골라 보세요.

인도네시아의 대학생 3팀은 맹그로브 나무의 잎과 열매로 (약과 , 푸딩)을 만들어 판매했어요. 맹그로브 잎에 항산화 성분과 (식이섬유 , 모시섬유)가 풍부하다는 점을 이용해 맛있고 건강한 간식을 만든 거예요.

어휘 익히기 다음 초성 힌트와 설명을 보고 해당하는 어휘를 적어 보세요.

- ㅊㅅ 비, 하천, 바람 등이 자연 현상이 지표를 깎는 일.
- ㅎㅅㅎ 체내의 산화 작용을 막는 것.
- ㅅㅇㅅㅇ 채소, 과일, 해조류 등에 많이 들어 있는 섬유질 성분.
- ㅍㄷ 젤리처럼 부드럽고 달콤한 디저트.

생각 쑥쑥 기사를 읽고 다음 질문에 답해 보세요.

① 맹그로브는 어떤 지역에서 자라는 나무인가요?

② 맹그로브 잎을 활용한 나만의 간식 레시피를 만들어 보세요.

속지 마세요! 가짜 친환경의 진실

> **미리 보기 사전**
> **그린워싱**(Greenwashing)
> 실제로는 환경에 큰 도움이 되지 않는데 기업들이 환경 보호에 열심히 참여하고 있는 것처럼 광고하거나 홍보하는 행위를 말해요.

일부 기업들이 환경을 보호하고자 하는 소비자들의 마음을 이용해 '그린워싱'을 하고 있어요. 그린워싱은 소비자를 속이고, 환경 보호에도 도움이 되지 않아요. 그린워싱의 진실을 알아보고, 현명한 소비자가 되는 방법을 함께 생각해 봐요.

친환경 마케팅의 실체

국내의 한 생수 회사는 병에 멸종 위기 동물 그림을 새겨 환경 보호를 강조했지만, 실제로는 해양 생물에 위협적인 플라스틱 병을 사용해 최악의 그린워싱 사례로 꼽혔어요. 또 덴마크의 한 돼지고기 생산업체는 소시지에 '기후 통제' 스티커를 붙여 판매했지만, 법원은 내용에 오해의 소지가 있다며 금지시켰어요. 돼지 농가들이 온실가스 배출량을 줄이고는 있지만, 그것을 완벽한 '통제'로 보긴 힘들기 때문이에요. 이렇게 친환경 이미지를 통해 소비자들로부터 호감을 사고, 제품 판매를 늘리려는 기업들이 그린워싱을 하고 있어요.

속지 않고 그린 컨슈머가 되는 길

기업들의 그린워싱 때문에 오히려 그린 컨슈머(Green Consumer)들이 피해를 보고 있어요. 그린 컨슈머는 환경을 보호하고 지속 가능한 소비를 지향하는 소비자를 뜻하는데, 그린워싱 탓에 친환경적이지 않은 제품을 구매하는 경우가 있기 때문이에요. 재활용이 불가능한 옷에 '재활용 가능'이라는 녹색 잎 스티커를 붙여 판매한 영국의 한 패션 브랜드, '책임감 있는 비행'이라는 표어를 내세웠지만 탄소 감축에 도움이 된다는 증거가 부족해 사용 금지당한 네덜란드의 항공사 등이 그 예랍니다. 가짜 친환경을 피해 그린 컨슈머가 되는 길, 쉽지 않죠?

현명한 소비자가 환경도 보호한다!

그린워싱 문제를 해결하려면 지금보다 더 엄격한 법과 제도 그리고 처벌이 필요해요. 그린워싱을 해도 큰 걸림돌 없이 제품을 계속 팔 수 있다면 그린워싱은 결코 줄어들지 않을 거예요. 그와 동시에 기업이 실제로 환경에 좋은 영향을 미치는 활동을 할 수 있도록 지원하는 정책도 필요해요. 소비자들은 그린 컨슈머로서, 친환경 인증 마크와 기업이 제공하는 정보를 통해 그린워싱 제품인지 아닌지 꼼꼼히 살펴봐야 해요. 기업의 환경 정책을 확인하고, 기업에 진정한 친환경 활동도 강력히 요구해야 해요. 기업, 정부, 환경단체, 그리고 소비자 모두가 함께 노력해야 더 정직하고 건강한 환경을 만들어 갈 수 있으니까요.

OX 퀴즈 기사를 읽고 설명이 맞으면 O, 틀리면 X 표시를 해 보세요.

- 그린 컨슈머는 제품이 환경에 미치는 영향을 고려하지 않고 구매하는 소비자를 말해요. (　　)

낱말 고르기 기사를 읽고 다음 괄호 안에 들어갈 알맞은 말을 골라 보세요.

일부 기업들이 환경을 보호하고자 하는 소비자들의 (　마음　,　신체　)을 이용해 그린워싱을 하고 있어요. 그린워싱은 소비자를 속이고, 환경 보호에도 (　도움　,　싸움　)이 되지 않아요.

생각 쏙쏙 기사를 읽고 다음 질문에 답해 보세요.

① 그린워싱의 예를 한 가지만 적어 보세요.

② 그린워싱을 멈추기 위해 어떤 강력한 제도와 처벌이 필요할까요?

어휘 한눈에 보기

환경 기사에 등장한 한자어와 순우리말 어휘를 정리해 보아요. 한자처럼 보이지만 순우리말인 경우도 있고 순우리말처럼 보이는 말이 한자어인 경우도 있으니 꼼꼼하게 살펴보세요.

환경 기사에서 눈여겨보면 좋을 한자어

출현
出 날 출
現 나타날 현
나타나거나 또는 나타나서 보임.

수거
收 거둘 수
去 갈 거
거두어 감.

인증
認 알 인
證 증거 증
어떤 문서나 행위가 정당한 절차로 이뤄졌음을 공적 기관이 증명함.

가치
價 값 가
値 값 치
사물이 지니고 있는 쓸모.

산림
山 뫼 산
林 수풀 림
산과 숲 또는 산에 있는 숲.

풍속
風 바람 풍
速 빠를 속
바람의 속도.

경고
警 경계할 경
告 아뢸 고
조심하거나 삼가도록 미리 주의를 줌.

농작물
農 농사 농
作 지을 작
物 만물 물
논밭에 심어 가꾸는 곡식이나 채소.

수확량
收 거둘 수
穫 벼벨 확
量 헤아릴 량
농작물을 거두어들인 양.

휴지
休 쉴 휴
紙 종이 지
코를 푸는 등 허드레로 쓰는 얇은 종이.

약속
約 맺을 약
束 묶을 속
앞으로의 일을 어떻게 할지 미리 정해 둠. 또는 그렇게 정한 내용.

예보
豫 미리 예
報 갚을 보
앞으로 일어날 일을 미리 알림. 또는 그런 보도.

232

희귀종
稀 드물 희
貴 귀할 귀
種 씨 종

드물어서 매우 진귀한 물건이나 품종.

결합
結 맺을 결
合 합할 합

둘 이상의 사물이나 사람이 하나가 됨.

차단
遮 막을 차
斷 끊을 단

액체 등의 흐름 또는 통로를 막아 통하지 못하게 함.

방충망
防 막을 방
蟲 벌레 충
網 그물 망

해로운 벌레들이 날아들지 못하게 치는 망.

홍수
洪 큰 물 홍
水 물 수

비가 많이 와서 강이나 개천에 갑자기 크게 불은 물.

간식
間 사이 간
食 먹을 식

끼니와 끼니 사이에 먹는 음식.

🔍 환경 기사에서 눈여겨보면 좋을 순우리말

- **여름**　　봄과 가을 사이이며, 낮이 길고 더운 계절.
- **다람쥐**　　다람쥣과의 포유류. 몸의 길이는 12~15cm.
- **비싸다**　　물건값이나 사람 등을 쓰는 비용이 보통보다 높다.
- **쓰레기**　　못 쓰게 되어 내다 버린 물건을 통틀어 이르는 말.
- **껍질**　　물체의 겉을 싸고 있는 단단하지 않은 물질.
- **태우다**　　불씨나 높은 열로 불을 붙여 번지게 하거나 불꽃을 일어나게 하다.
- **천둥**　　벼락이나 번개가 칠 때에 대기가 요란하게 울림. 또는 그런 소리.
- **번개**　　구름과 구름, 구름과 대지 사이에서 번쩍이는 불꽃.
- **웅덩이**　　움푹 파여 물이 괴어 있는 곳.
- **그치다**　　더 이상의 진전이 없이 어떤 상태에 머무르다.
- **벌레**　　곤충을 비롯해 기생충과 같은 하등 동물을 통틀어 이르는 말.

정답

경제

01 X / O / 직거래 / 대량 / 명소 / 입소문 / 이색 / 프랜차이즈 / 딸기 농장과 직거래 계약을 맺어 대량으로 공급받기 때문

02 X / O / 절감 / 건강 / 개편 / 적립 / 초과 / 장려 / 교통비 절감

03 O / O / 연금 / 납부 / 은퇴 / 납부 / 고갈 / 개혁 / 연금 받을 사람은 늘고 돈을 납부하는 사람은 줄고 있다. / 미래 세대도 공정하게 연금을 받을 수 있기 위해

04 O / X / 과거 / 독특 / 반영 / 수치 / 잔존 / 다각도 / 저렴하게 살 수 있고 환경 보호에도 기여

05 O / O / 불편하다 / 불량품 / 신뢰 / 위협 / 할인 / 배송 / 매우 저렴한 가격으로 상품을 제공하므로

06 O / X / 금리 / 안정성 / 낙관적 / 번복 / 둔화 / 촉각 / 물가 상승을 2% 수준으로 낮추는 데 시간이 더 걸릴 것

07 X / O / 이자 / 원금 / 합산 / 금리 / 용도 / 이자 / 복리

08 O / X / 높은 / 인정 / 유지 / 분양 / 당락 / 만 14세

09 O / X / 단백질 / 면역력 / 종자 / 재배 / 함량 / 면역력 / 대략 20억 원

10 O / O / 세금 / 조회 / 납세 / 세무서 / 증대 / 인식 / 경주 관광지 입장료 할인, 중소기업 제품 할인 구매

11 O / X / 기술 / 차별화 / 과즙 / 원료 / 비중 / 현지화 / 나라별 현지 기후나 식문화를 고려해 맞춤형 젤리 개발

12 O / X / 만기 / 세금 / 저축 / 만기 / 수익 / 비과세 / 70만 원 / 청년들이 안정적으로 자산을 모을 수 있도록 하기 위해

13 X / O / 보조금 / BYD / 호조 / 보조금 / 출시 / 전기차 / 전기 에너지 / 중국 정부의 보조금과 저렴한 가격

14 O / X / 많은 / 취임 / 인하 / 인플레이션 / 활성화 / 1만 5천 원 / 많은 돈이 필요해진다.

15 O / X / 해고 / 축소 / 법안 / 불황 / 감축 / 해고 / 음식값

16 O / X / 수익 / 세금 / 노후 / 도입 / 연장 / 부양 / NISA

17 X / O / 유전자 / 품종 / 기부 / 유전자 / 땀샘 / 다른 소보다 땀샘이 두 배 더 크기 때문

18 O / 이익 / 꼼꼼하게 / 매달 일정 금액으로 다양한 제품과 서비스 이용 가능

세계

19 O / X / 등반 / 등반 / 장비 / 절벽 / 방치 / 고대 유물

20 O / X / 이주 / 가족 / 증여 / 이주 / 평판 / 철거 / 리우가 루안을 정성을 다해 돌봤으므로

21 X / O / 문화 / 전시관 / 예술가 / 가교 / 문화 / 원주민 / 세계 최대 미술 축제

22 O / O / 벽화 / 연회장 / 번성 / 화산재 / 보존 / 출토 / 오랫동안 두꺼운 화산재에 덮여 있었기 때문에 / 당시의 생활 모습

23 X / O / 까다로워서 / 기법 / 매료 / 경연 / 기법 / 실력 / 비올라

24 X / O / 질 / 피로 / 권리 / 여가 / 침해 / 강요 / 최소 100달러

25 O / X / 방치 / 폐가 / 폐가 / 활력 / 예치 / 수리 / 5~7년

26 X / O / 코스 / 나침반 / 완주 / 나침반 / 의존 / 극한 / 20명

27 X / O / 운 / 달성 / 제구 / 기록 / 목표 / 최종 목표

28 X / X / 사무직 / 기술 / 용접 / 연봉 / 대체 / 지적 / 기술직

29 O / X / 일손 / 고용 / 인건비 / 고용 / 정년 / 권고 / 65세

30 X / O / 풀 / 주민 / 무기력 / 장례식 / 포효 / 애도 / 약 98%

31 O / X / 프랑스인 / 투표권 / 비상사태 / 자치권 / 독립 / 선포 / 니켈

32 O / X / 15 / 18세 / 운항 / 편도 / 기내 / 모기업 / 반려견과 함께 비행기를 타려다 어려움을 겪은 적이 있어서

33 X / O / 전자투표기 / 유권자 / 문맹 / 유권자 / 도용 / 부정투표 / 글을 못 읽는 유권자도 투표할 수 있도록 하기 위해 / 투표를 한 사람을 구분하기 위해

34 X / O / 휴식처 / 교환 / 생계 / 양로원 / 사교 / 번아웃 / 바, 카페, 노래방 등

35 O / X / 치안 / 공약 / 장벽 / 우월주의 / 치안 / 온건 / 온건한 이민 정책과 친환경 에너지 전환, 공기업 강화 등

36 O / X / 정부 / 철수 / 휴전 / 통치 / 협상 / 철수 / 3단계

37 X / O / 열대우림 / 서식지 / 팜유 / 논란 / 개선 / 서식지 / 이미지 개선을 위해

38 O / X / 옷 / 솔선수범 / 정상 / 복고풍 / 쾌활 / 솔선수범 / 선글라스, 푸른색 정장

39 O / 입장료 / 책임감 / 25달러의 관광세 부과 고려

사회문화

40 O / X / 전통문화 / MZ / 개방 / 세대 / 열풍 / 고궁 / 현대와 전통이 섞인 색다른 공간으로 여기므로

41 O / X / 동력 칸 / 소음 / 고속 / 주파 / 단축 / 진동 / 복도와 좌석 간격이 더 넓고 좌석마다 휴대전화 무선 충전장치가 있으며 창문도 개별창 구조이다.

42 O / X / 상태 / 축제 / 해소 / 심박수 / 치열 / 중국, 네덜란드, 일본 등

43 X / O / 6·25 전쟁 / 공중 / 민간인 / 운행 / 도보 / 비무장지대

44 X / O / 저작권 / 퍼포먼스 / 안무 / 보상 / 대두 / 춤 동작이나 퍼포먼스를 창작한 사람에게 주어지는 법적인 권리

45 X / O / 도로 / 방지 / 유공자 / 분기점 / 사고 / 방지 / 딸이 스케치북에 그린 그림

46 X / O / 짧은 / 자신 / 개성 / 멘토링 / 독창성 / 숏폼 / 자신을 짧은 영상으로 소개하는 방법

47 O / X / 후배 / 자부심 / 지급 / 모교 / 자부심 / 당부 / 500달러는 본인이 갖고 500달러는 기부하라

48 X / O / 고령 / 자진 / 고령 / 자발적 / 반납 / 갱신 / 10만 원 상당의 지역화폐 제공

49 X / O / 양 / 측정 / 희석 / 지수 / 성분 / 신라면 더 레드

50 O / X / 균형 / 분위기 / 이상적 / 직장 / 취준생 / 선호 / 5,000만 원

51 X / O / 유연근무제 / 검토 / 검토 / 경직 / 간병 / 격주 / 경직된 노동시장, 젊은 노동인구 감소 및 노동인구의 고령화, 노인돌봄 인구 증가

52 X / O / 학교 / 운동 / 교과 / 비만 / 부활 / 분리 / 30년

53 O / X / 장점 / 창작 / 아티스트 / 모방 / 보장 / 뉴진스

54 X / O / 약 / 은행 / 규제 / 효용성 / 초래 / 허용 / 비대면 진료

55 X / O / 균형 / 인성 / 입시 / 분산 / 유학 / 인재 / 인구와 인재가 고르게 퍼지는 효과

56 X / X / 드론 / 버티포트 / 착륙 / 도심 / 숙박 / 혁명 / 주유소

57 O / X / 지붕 / 비 / 조립 / 통행 / 주행속도 / 해체 / 60km

58 X / O / 무인 / 노선 / 무인 / 노선 / 개통 / 승객 / 통신망

59 X / O / 영양 / 성장 환경 / 성장 / 영양 상태 / 데이터 / 신원 / 14세

60 X / O / 출산 / 육아 / 출산 휴가 / 배우자 / 보육 / 양립 / 20일

61 O / X / 퓨전 / 멋 / 개성 / 장신구 / 단속 / 원칙 / 전통 한복의 가치를 알리기 위해

62 X / 보조 / 종이 / 디지털 기기 과다 사용이 어린이의 집중력과 학습 능력을 저하시킬 수 있으므로

과학

63 X / O / 학습 / 글 / 복제 / 목소리 / 합성 / 손상 / 15초 / 목소리를 잃어버린 사람

64 O / X / 초소형 / 관측 / 임무 / 무리 / 안보 / 우리나라 / 우리나라 안보와 재해 대응에 활용

65 X / O / 철학자 / 두루마리 / 스캔 / 적외선 / 훼손 / 아카데미아 학교 부지 안의 신전 근처 / 『아카데미아의 역사』

66 X / O / 코로나 / 태양풍 / 천문 / 신비 / 기상 / 태양풍 / 코로나 / 지역 경제 활성화

67 O / X / 90% / 1~2년 차 / 챗봇 / 법무법인 / 장악 / 충돌 / 기존 방식으로는 성장이 어려우므로

68 O / X / QR / 카메라 / 첨단 / 주차 / 정밀 / 연계 / 전기차 충전 및 배송 서비스

69 O / X / 저궤도 / 위성 / 추적 / 잔해 / 환송 / 저궤도 / 로켓 발사, 우주선의 이동, 인공위성과 우주선의 움직임 등을 관리하는 시스템 / 부섹, 시유에어로스페이스, 클리어스페이스, 아스트로스케일

70 O / X / 지구 온난화 / 저장 / 모래 / 고도 / 철제 / 간직 / 500℃ 내외

71 X / O / 정맥 / 식별 / 지문 / 블루투스 / 단말기 / 블루투스 기능을 이용해 비접촉 방식으로 작동

72 X / O / 코너킥 / 전술 / 관중 / 전술 / 제안 / 전략 / 코너킥

73 O / X / 별 / 특징 / 천체 / 은하 / 나이 / 통과 / 별의 온도를 추측할 수 있다는 사실 / 물

74 X / O / 세포 / 환경 / 배양 / 지정 / 박차 / 복지 / 약 3억 7,000만 원

75 O / X / 전자 피부 / 병원 / 부착 / 거동 / 뇌파 / 무궁무진 / 헬스케어 / 더 인간적인 움직임을 나타냄

76 O / X / 이산화탄소 / 양 / 전세기 / 주범 / 구축 / 허브 / 물

77 X / O / 자기장 / 질소 / 색깔 / 자기장 / 분자 / 도달 / 강원도

78 O / X / 남극 / 드릴 / 토양 / 암석 / 채취 / 과업 / 달의 뒷면

79 X / O / 지구 / 대기 / 가정 / 추정 / 왜성 / 광년 / 42℃

80 O / X / 보호 / 보안성 / 차세대 / 학습 / 훈련 / 병렬 / 블랙웰

81 X / O / 기술적인 / 포부 / 부합 / 출전 / 포부 / 심사위원 / 아름다움, 기술, 소셜미디어 영향력

82 O / O / 치아 / 부드러운 / 화석 / 마모 / 생태계 / 슬개골 / 약 10kg

83 X / 감정 / 윤리적 / 사용자가 인공지능을 인간으로 착각하는 현상

환경

84 X / O / 최소공배수 / 소음 / 최소공배수 / 유충 / 성충 / 110dB, 제트기

85 X / O / 국제우주정거장 / 파편 / 파편 / 대기권 / 합금 / 추락 / 대기권에서 탄다.

86 O / X / 재활용 / 25% / 매립 / 오염 / 소각 / 온실가스 / 대기가 오염된다.

87 O / X / 감시 / 인증 마크 / 고통 / 희생 / 감시 / 부여 / CG (컴퓨터 그래픽)

88 O / O / 벌목 / 멸종 / 익막 / 벌목 / 서식지 / 천연기념물

89 X / X / 심각성 / 감정 / 수집 / 변환 / 작곡 / 현악 / 현악 4중주 No.1 극지 에너지 수지

90 X / X / 생산량 / 물가 / 폭염 / 가뭄 / 작황 / 부진 / 올리브유, 초콜릿, 커피원두

91 X / O / 판매 / 세금 / 배출 / 낭비 / 충당 / 절감 / 절감할 수 있다.

92 X / O / 석탄 발전소 / 폐쇄 / 온난화 / 채굴 / 연기 / 석탄 발전소

93 X / X / 청천난류 / 불규칙 / 수증기 / 대류 / 상공 / 난기류

94 O / X / 34℃ / 1만 년 / 사막 / 개체 / 수온 / 생존 / 35마리

95 X / O / 녹 / 기름 / 지속 / 균형 / 폐기물 / 혁신 / 16kg

96 O / O / 동아시아 / 최초 / 대응 / 소송 / 승소 / 촉매 / 한국

97 O / O / 코팅 / 생분해 / 미생물 / 분해 / 붕산 / 포장재 / 물에 약하고 잘 찢어진다.

98 O / X / 올라가면 / 개체 수 / 점령 / 민원 / 포충기 / 방제 / 이상기후

99 X / O / 푸딩 / 식이섬유 / 침식 / 항산화 / 식이섬유 / 푸딩 / 열대 지역

100 X / 마음 / 도움 / 플라스틱 병에 멸종 위기 동물의 그림을 새겨 판매한 국내 생수 회사, 소시지에 '기후 통제' 스티커를 붙여 판매한 덴마크의 돼지고기 생산업체, 재활용이 불가능한 옷에 '재활용 가능'이라는 녹색 잎 스티커를 붙여 판매한 영국의 패션 브랜드 등

신문 어휘 찾아보기

아래 어휘들이 어떤 기사에서 어떻게 쓰였는지 확인해 보세요.

ㄱ

어휘	쪽
가교	60
가리다	188
가뭄	210
가정	184
가족	58
가짜	24
가치	206
간병	124
간식	228
간직	166
감시	204
감축	44
강요	66
강제	118
개방	102
개선	92
개성	114, 144
개체	218
개통	138
개편	18
개혁	20
갱신	118
거동	176
거머쥐다	64
검토	124
격주	124
결합	224
경고	208
경연	64
경직	124
고갈	20
고궁	102
고대	62
고도	166
고령	118
고리	180
고리타분하다	102
고립	192
고속	104
고용	76
고치다	68
고통	204
곤두세우다	26
공중	108
과밀	132
과업	182
과즙	36
관중	170
관측	154
광년	184
괜찮다	116
교과	126
교과서	146
구독	50
구위	72
구축	178
궁궐	102
권고	76
권리	66
규제	130
균형	220
그치다	222
극한	70
근접	182
금리	28
기내	82
기록	72
기법	64
기부	48
기상	158
까닭	40
껍질	212
끼	114

ㄴ

어휘	쪽
나이	172
나침반	70
낙관적	26
납부	20
납세	34

납입	30
낭비	212
내수	42
노선	138
노인	124
노후	46
논란	92
농작물	210
뇌파	176

ㄷ

다각도	22
다람쥐	206
단말기	168
단속	144
단축	104
달성	72
담다	60
당락	30
당부	116
대기권	200
대두	110
대류	216
대응	222
대중	128
대체	74
대통령	88
데이터	140
도달	104, 180
도보	108
도심	134

도용	84
도입	46
독립	80
독창성	114
돌파	36
두루	16
두루마리	156
둔화	26
뒤처지다	106
득점	170
등반	56
땀샘	48
뜨겁다	160
띠	172

ㅁ

마모	190
만기	38
말벗	192
맡기다	28
매료	64
매립	202
매진	158
멍하다	106
멘토링	114
면역력	32
면제	46
멸종	206
명물	16
명소	16
모교	116

모기업	82
모래	166
모방	128
목돈	38
목소리	152
목표	72
몰두	164
몸집	154
무궁무진	176
무기력	78
무덤	156
무리	154
무인	138
무지개	172
무해	178
문맹	84
문화	60
물려받다	58
미생물	224
미술	60
민간인	108
민원	226

ㅂ

바닥	112
바람	88
박차	174
반납	118
반발	80
반영	22
발돋움하다	108

방제	226
방지	112
방충망	226
방치	56
배송	24
배양	174
배우자	142
배출	212
번개	216
번복	26
번성	62
번아웃	86
번지다	72
벌레	226
벌목	206
법무법인	160
법안	44
변화	46
변환	208
병렬	186
보급형	40
보상	110
보육	142
보장	128
보조금	40
보존	62
보편화	174
복고풍	94
복제	152
복지	174
봉지	36
부양	46
부여	204

부정투표	84
부진	210
부착	176
부합	188
부활	126
분기점	112
분리	126
분산	132
분양	30
분자	180
분해	224
불가능	70
불규칙	216
불황	44
붕산	224
블루투스	168
비과세	38
비만	126
비상사태	80
비싸다	210
비중	36

ㅅ

사고	112
사교	86
사라지다	44
사막	218
사무직	74
산림	206
상공	216
상용화	178

새끼	78
색깔	180
생계	86
생존	218
생태계	190
서식지	92, 206
선거	84
선포	80
선행	58
선호	122
섬	82
성과	112
성분	120
성장	140
성충	198
세대	102
세무서	34
소각	202
소비	24
소송	222
소음	198
손상	152
손쉽다	34
솔선수범	94
숏폼	114
수거	202
수리	68
수온	218
수익	38
수익률	28
수증기	216
수집	208
수치	22

수확량	210
숙박	134
스캔	156
슬개골	190
승객	138
승소	222
식감	174
식별	168
식이섬유	228
신뢰	24
신비	158
신생아	142
신원	140
실력	64
심박수	106
심사위원	188
쓰레기	212

ㅇ

아슬아슬하다	56
아티스트	128
안무	110
안보	154
암석	182
애도	78
약속	214
양로원	86
양립	142
어렴풋이	62
어우러지다	108
억양	152

억울하다	110
여가	66
여권	82
여름	198
연계	162
연기	214
연봉	74
연장	46
열풍	102
영구	90
영양 상태	140
예보	216
예술가	60
예외	66
예치	68
오류	130
오염	202
온건	88
온난화	214
온실가스	202
완주	70
왜성	184
용도	28
용접	74
우승	64
우월주의	88
운항	82
운행	108
웃돌다	16
웅덩이	218
원금	28
원료	36
원주민	60

원칙	144
월급	122
위협	24
유공자	112
유권자	84
유사성	110
유전자	48
유지	30
유충	198
유학	132
은퇴	20
은하	172
의존	70
이득	24
이별	78
이상적	122
이색	16
이주	58
익막	206
인건비	76
인상	18
인식	34
인재	132
인정	30
인증	204
인플레이션	42
인하	42
임무	154
입맛	36
입소문	16
입시	132

ㅈ

자기장	180
자발적	118
자부심	116
자석	164
자치권	80
작곡	208
작황	210
잔존	22
잔해	164
잣대	160
장려	18
장례식	78
장벽	88
장비	56
장신구	144
장악	160
재배	32
재산	58
잽싸다	190
저궤도	164
저축	38
적립	18
적외선	156
전기차	40
전략	170
전세기	178
전술	170
절감	212
절벽	56
점령	226
접촉	168
정교	188
정년	76
정밀	162
정상	94
정확	160
제구	72
제안	170
조립	136
종자	32
주거용	68
주범	178
주유소	134
주차	162
주파	104
주행속도	136
중고	22
증대	34
증여	58
지급	116
지루하다	122
지문	168
지불	32
지속	220
지수	120
지적	74
지정	174
지폐	42
지휘	64
직거래	16
직장	122
진동	104
짐	168
집	30

ㅊ

차단	224
차세대	186
착륙	134
창의성	114
창작	128
채굴	214
채취	182
챗봇	160
처음	60
천둥	216
천문	158
천체	172
철거	58
철수	90
철제	166
첨단	162
체온	176
체육	126
초과	18
초래	130
촉각	26
촉매	222
촘촘하다	162
최소공배수	198
추락	200
추적	164
추정	184
축제	106
출산 휴가	142
출시	40
출전	188

출토	62
출현	198
충당	212
충돌	160
취임	42
취준생	122
측정	120
치안	88
치열	106
침식	228
침해	66

ㅋ

쾌활	94

ㅌ

태양풍	158
태우다	214
토양	182
토종	22
통과	172
통치	90
통행	136
투사	156

ㅍ

파편	200
팜유	92
퍼포먼스	110
편도	82
평판	58
평화	108
폐가	68
폐기물	220
폐쇄	214
포부	188
포장재	224
포충기	226
포효	78
폭염	210
푸딩	228
품종	48
풍속	208
프랜차이즈	16

ㅎ

학습	186
학업	106
할인	24
함량	32
합금	200
합산	28
합성	152
항산화	228
해고	44

해소	106
해체	136
핵심	186
허브	178
허용	130
혁명	134
혁신	220
현악	208
현지화	36
협상	90
호조	40
홍수	228
화산재	62
화석	190
환송	164
활력	68
활성화	42
효용성	130
효율적	162
훈련	186
훈장	112
훨씬	122
훼손	156
휴전	90
휴지	212
희귀종	218
희생	204
희석	120
힘쓰다	32

아이스크림 어린이신문 ❸

1판 1쇄 인쇄 2024년 7월 12일
1판 1쇄 발행 2024년 7월 22일

글 손지연

펴낸이 이윤석
출판사업본부장 신지원
출판기획팀장 오성임　**책임편집** 남영주　**출판마케팅** 김민지, 김참별
편집 김민경　**디자인** KL Design　**제작** 한국학술정보
펴낸곳 아이스크림북스
출판등록 2013년 8월 26일 제2013-000241호
사용연령 8세 이상　**제조연월** 2024년 7월　**제조국** 대한민국

주소 (06771) 서울시 서초구 매헌로 16 하이브랜드빌딩 18층
전화 02-3440-4604
이메일 books@i-screamedu.co.kr
인스타그램 @iscreambooks

ⓒ 손지연, 2024

※아이스크림북스는 ㈜아이스크림에듀의 출판 브랜드입니다.
※이 책을 무단 복사·복제·전재하면 저작권법에 저촉됩니다.
※잘못 만들어진 책은 구입하신 곳에서 교환해 드립니다.

ISBN 979-11-6108-741-2(74700)
　　　 979-11-6108-629-3(74700) (세트)

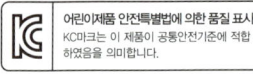

아이스크림 어린이신문 스크랩북

★ 4가지 신문활용법 소개 ★

① **N행시 짓기**
기사를 읽고 인상적인 단어를 고른 후, 그 단어로 N행시를 지어 보세요.

② **뒷이야기 상상하기**
기사를 읽고 다음에 이어질 뒷이야기를 상상하여 써 보세요.

③ **1컷 만화 그리기**
기사를 읽고 인상 깊은 장면을 1컷 만화로 표현해 보세요.
말풍선을 넣어 대화도 만들어 보세요.

④ **여러 관점에서 바라보기**
기사를 읽고 다양한 관점에서 생각하는 시간을 가져 보세요.

스크랩하기

N행시 짓기

날 짜

제 목

신 문

분 야

키워드

- **인상적인 단어**

- **N행시 짓기**

- **인상적인 단어**

- **N행시 짓기**

- **인상적인 단어**

- **N행시 짓기**

 스크랩하기

 N행시 짓기

날 짜

제 목

신 문

분 야

키워드

- **인상적인 단어**

- **N행시 짓기**

- **인상적인 단어**

- **N행시 짓기**

- **인상적인 단어**

- **N행시 짓기**

스크랩하기

 **N행시 짓기**

- 날 짜
- 제 목
- 신 문
- 분 야
- 키워드

• 인상적인 단어

• N행시 짓기

• 인상적인 단어

• N행시 짓기

• 인상적인 단어

• N행시 짓기

스크랩하기

 **N행시 짓기**

날짜

제목

신문

분야

키워드

- **인상적인 단어**

- **N행시 짓기**

- **인상적인 단어**

- **N행시 짓기**

- **인상적인 단어**

- **N행시 짓기**

스크랩하기

 **N행시 짓기**

날 짜

제 목

신 문

분 야

키워드

- **인상적인 단어**

- **N행시 짓기**

- **인상적인 단어**

- **N행시 짓기**

- **인상적인 단어**

- **N행시 짓기**

 스크랩하기

 **N행시 짓기**

날짜

제목

신문

분야

키워드

• 인상적인 단어

• N행시 짓기

• 인상적인 단어

• N행시 짓기

• 인상적인 단어

• N행시 짓기

스크랩하기

뒷이야기 상상하기

날 짜

제 목

신 문

분 야

키워드

- 기사 내용 요약하기

- 상상해서 뒷이야기 짓기

스크랩하기

뒷이야기 상상하기

날짜

제목

신문

분야

키워드

- 기사 내용 요약하기

- 상상해서 뒷이야기 짓기

스크랩하기

뒷이야기 상상하기

날 짜

제 목

신 문

분 야

키워드

- 기사 내용 요약하기

- 상상해서 뒷이야기 짓기

스크랩하기

뒷이야기 상상하기

날짜

제목

신문

분야

키워드

- 기사 내용 요약하기

- 상상해서 뒷이야기 짓기

스크랩하기

뒷이야기 상상하기

날짜

제목

신문

분야

키워드

- 기사 내용 요약하기

- 상상해서 뒷이야기 짓기

스크랩하기

뒷이야기 상상하기

날 짜		제 목	

신 문		분 야	

키워드	

- 기사 내용 요약하기

- 상상해서 뒷이야기 짓기

스크랩하기

1컷 만화 그리기

날짜

제목

신문

분야

키워드

- 인상 깊었던 장면 또는 내용

- 1컷 만화 그리기

★ 말풍선을 넣어 대화도 만들어 보세요

📖 스크랩하기

1컷 만화 그리기

날 짜

제 목

신 문

분 야

키워드

- 인상 깊었던 장면 또는 내용

- 1컷 만화 그리기

★ 말풍선을 넣어 대화도 만들어 보세요.

스크랩하기

1컷 만화 그리기

날짜

제목

신문

분야

키워드

- 인상 깊었던 장면 또는 내용

- 1컷 만화 그리기

★ 말풍선을 넣어 대화도 만들어 보세요.

스크랩하기

1컷 만화 그리기

날짜

제목

신문

분야

키워드

- 인상 깊었던 장면 또는 내용

- 1컷 만화 그리기

★ 말풍선을 넣어 대화도 만들어 보세요.

스크랩하기

1컷 만화 그리기

날 짜

제 목

신 문

분 야

키워드

- 인상 깊었던 장면 또는 내용

- 1컷 만화 그리기

★ 말풍선을 넣어 대화도 만들어 보세요.

스크랩하기

1컷 만화 그리기

날짜

제목

신문

분야

키워드

- 인상 깊었던 장면 또는 내용

- 1컷 만화 그리기

★ 말풍선을 넣어 대화도 만들어 보세요.

스크랩하기

🔎 여러 관점에서 바라보기

날짜

제목

신문

분야

키워드

- 내가 주인공이라면 어땠을까?

- 내가 상대방이라면 어땠을까?

스크랩하기

 **여러 관점에서 바라보기**

`날짜`

`제목`

`신문`

`분야`

`키워드`

• 내가 주인공이라면 어땠을까?

• 내가 상대방이라면 어땠을까?

스크랩하기

🔍 여러 관점에서 바라보기

날짜

제목

신문

분야

키워드

• 내가 주인공이라면 어땠을까?

• 내가 상대방이라면 어땠을까?

스크랩하기

🔍 여러 관점에서 바라보기

날짜

제목

신문

분야

키워드

• 내가 주인공이라면 어땠을까?

• 내가 상대방이라면 어땠을까?

스크랩하기

# 여러 관점에서 바라보기

날짜

제목

신문

분야

키워드

• 내가 주인공이라면 어땠을까?

• 내가 상대방이라면 어땠을까?

인스타그램 @jubi.books
블로그 https://blog.naver.com/incetta
네이버 카페 https://cafe.naver.com/darmdam

손지연 선생님의 **너닮나담**은 '너를 닮아 나에게 담다'의 줄임말로,
세상 모든 것에 배울 점이 있다는 포용적인 의미를 담은 NIE 전문 교육 기업입니다.